2022 年国家社会科学基金青年项目"体育人类学视角下中国朝鲜族传统体育跨文化传播研究"（批准号：17CTY023）结项成果

变容·传播·镜鉴

——体育人类学视角下中国朝鲜族传统体育的跨文化传播

杨长明　著

吉林大学出版社

·长　春·

图书在版编目（CIP）数据

变容·传播·镜鉴：体育人类学视角下中国朝鲜族
传统体育的跨文化传播／杨长明著. —长春：吉林大
学出版社，2023.8

ISBN 978-7-5768-2002-7

Ⅰ.①变… Ⅱ.①杨… Ⅲ.①朝鲜族-民族形式体育
-体育文化-文化交流-研究-中国 Ⅳ.①G852.9

中国国家版本馆 CIP 数据核字（2023）第 161281 号

书　　名：变容·传播·镜鉴——体育人类学视角下中国朝鲜族传统体育的跨文化传播
BIANRONG·CHUANBO·JINGJIAN——TIYU RENLEIXUE SHIJIAO XIA
ZHONGGUO CHAOXIANZU CHUANTONG TIYU DE KUAWENHUA CHUANBO

作　　者：杨长明
策划编辑：刘子贵
责任编辑：蔡玉奎
责任校对：侯北辰
装帧设计：海之星电脑图文
出版发行：吉林大学出版社
社　　址：长春市人民大街 4059 号
邮政编码：130021
发行电话：0431-89580028/29/21
网　　址：http://www.jlup.com.cn
电子邮箱：jldxcbs@sina.com
印　　刷：天津鑫恒彩印刷有限公司
开　　本：787mm×1092mm　　1/16
印　　张：11.75
字　　数：213 千字
版　　次：2024 年 3 月　第 1 版
印　　次：2024 年 3 月　第 1 次
书　　号：ISBN 978-7-5768-2002-7
定　　价：68.00 元

序

　　中国朝鲜族传统体育，主要是指生活在中国境内，由朝鲜族所创造、传承的体现朝鲜民族特点的各种体育文化活动的总称。在长期的历史进程中，形成了许多集冒险、娱乐、歌舞乃至民族品质于一体的传统体育形式，如以希日木、秋千、象棋、跳板、射弩、刀舞乃至朝鲜族武术等传统体育活动，其所展现的人们身体机能的独有技巧表达，已经构成了中国朝鲜族传统体育文化的重要表征。

　　近年来，基于中华各民族地理环境与文化习俗的影响，不同民族传统体育在跨文化传播中的相关议题已经逐渐引起了学界的关注，并获得了多视角的探讨。正是在此基础上，吉林大学体育学院教授杨长明博士，历时近五年，先后五次到延边朝鲜族自治州进行实地调查，通过多方田野调查以及大量中外相关文献资料的查考，全面、准确、客观地掌握了中国朝鲜族传统体育文化在民族迁移、跨境文化传播中传统体育文化传承与传播的历史与现状，为朝鲜族传统体育文化的整体研究提供了区域性视角分析的基础。

　　杨长明是为我国体育社会人文界所熟知的一位中青年学者，博士毕业于日本早稻田大学，博士毕业回国后就职于吉林大学体育学院，并继续进入博士后流动站进行相关研究。体育人类学专业的留学背景，为其长期耕耘于体育人类学、体育文化以及体育史研究领域奠定了理论与研究基础。先后在《中国体育科技》《西安体育学院学报》《沈阳体育学院学报》《体育学研究》以及 *Asia Pacific Journal of Sport and Social Science* 等中外期刊上发表多篇高质量的学术论文，并参与了日文著作《よくわかるスポーツ人類学》的编写，主持撰写的研究报告先后被中央媒体和省级政府部门采纳。凭其优秀的学术功底，杨长明博士被评定为吉林省省级人才，同时被聘任为中国非物质文化遗产名词审定委员会委员、亚洲体育人类学会理事、国家社科基金项目通讯评审以及国家留学基金委项目评审等学术职务。杨长明博士丰富的知识积累与科研阅历，为其在《变容·传播·镜鉴：体育人类学视角下中国朝鲜族传统体育的跨文化传播》一书中对中国朝鲜族传统体育的全面分析与探讨奠定了坚实的基础。

在本书中，杨长明博士通过对中国朝鲜族传统文化形成的基础分析，就朝鲜族传统体育的文化变容、中国朝鲜族传统体育的跨文化传播、朝鲜族传统体育跨文化传播的路径进行了整体的研考，并在此基础上对体育推动跨文化传播的域内、域外、域内外相结合镜鉴做出了系统分析。纵观本书的整体纲目设计和研究内容，我认为作者提出的以下三个方面的研究结论，是读者在阅读本书时应予以关注的。

首先，通过对朝鲜族传统体育的变容及影响因素的分析，归纳出朝鲜族传统体育跨文化传播的四个主要目标：保持民族文化薪火相传；融入新兴技术，推动民族文化发扬光大；繁荣中华民族文化宝库；铸牢中华民族共同体意识。其次，在上述基础上，分析出了朝鲜族传统体育跨文化的四个传播路径：完善现代教育对朝鲜族传统体育文化的传播作用；多领域协调推进的体育非物质文化遗产传承模式；传承场域的积累与延伸；观光化发展推动朝鲜族传统体育的跨文化传播等加以实现。第三，针对朝鲜族传统体育观光化发展较为突出的特征，总结了四点观光化发展对于朝鲜族体育跨文化传播的作用：形成特色旅游文化资源风格；拓宽体育观光形式；提升体育观光产业附加值；提升民族文化自信心。

总之，通过对域内、域外、域内外相结合的跨文化传播案例进行分析和展示，观察不同视角下跨文化传播现象的镜鉴，加深对传统体育跨文化传播的认识与了解，进而带动相关领域的学者们对体育这一文化现象的跨文化传播发展趋势、预期目标、影响因素等方面形成长期的思考与研究，是本书所要达到的主要目的，也是杨长明博士贡献给学术界颇有特色一项成果。无论从史料价值还是学术价值上，本书均堪称一部由体育人类学视角探索中国朝鲜族传统体育跨文化传播的力作，值得一读。

民族传统体育是中华传统体育文化研究的重要领域，而朝鲜族传统体育作为中华民族传统体育文化的重要代表，其运动项目的独特体系、竞技娱乐的独有特点乃至文化蕴含的深厚结构，在整个中华传统体育文化体系中极具代表性，且呈现出独特的地域与民俗特征。而由体育人类学视角，对其跨文化传播做出全方位探讨，将为中国民族传统体育文化的多视角研究提供新的方法、展现新的研究视野。我想，这也应该是杨长明博士写作本书的目的所在。

承蒙作者的信任，有幸在本书付梓之前得以通览全文，受益很大，也希望更多的民族传统体育爱好者和学者能够在阅读本书时分享这份乐趣。

是为序。

国家体育总局文化发展中心研究部原主任
中国体育博物馆研究馆员、郑州大学特聘教授　　崔乐泉

2023 年 10 月 20 日于北京

前 言

　　体育人类学是依托人类学四大领域内的文化人类学形成的新学科，它发端于 18 世纪末的德国。首次谈及体育与人类学有关的话题是在德国体育史学家 G. U. A. Vcieth（1763—1836）的著作《体育史》中。与 G. U. A. Vcieth 并称为"近代体育之父"的德国教育家、体操运动的创始人之一的 J. C. F. GutsMuths（1759—1839）在其同时期的著作中也曾对体育文化与人类学进行了描述。进入 19 世纪以来，欧洲文化人类学领域的学者们在对各地区民族文化现象进行观察时，开始逐渐认识到不同民族的体育文化行为所蕴含的独特意味，从而激发了文化人类学家们对民族体育文化开展研究的兴趣。由此，体育作为人类文明进步的产物，也被冠以文化符号的标签。在文化人类学家们的带动下，早期民族体育的参与者也纷纷意识到体育文化的内在价值与独特性。随着工业革命的到来，距离不再是阻碍世界各国与各民族之间交往的不可逾越的障碍。尤其是进入 20 世纪后，文化人类学得到了更广阔的发展空间，体育人类学作为一个研究领域充实了文化人类学的研究方向和内涵。1985 年，美国文化人类学家波兰恰特（K. Blanchard）和切斯卡（A. Cheska）合著了第一部体育人类学著作 *The Anthropology of sport*：*An Introduction*[①]。1988 年，日本早稻田大学教授寒川恒夫将其翻译成日语著作《スポーツ人類学入門》（《体育人类学入门》），并在日本出版。20 世纪 80 年代末 90 年代初，体育人类学传入我国。

---

　　① Blanchard K，Cheska A. The Anthropology of Sport：An Introduction［M］. SouthHadley：Bergin & Garvey Publishers，1985.

1999年，我国学者胡小明将体育人类学理论与中国实际相结合，出版了我国首部体育人类学著作《体育人类学》。随着我国学科领域的逐渐延伸，以及越来越多本土体育学和人类学学者们的广泛关注，目前我国体育人类学发展主要从奥林匹克文化、休闲与极限运动文化、民族传统体育文化、现代竞技体育文化、国别区域体育文化、女性体育文化、特殊人群体育文化、游戏娱乐体育文化等视角进行研究，极大地充实了我国体育学研究范畴、研究视角、研究方法、研究内涵。

同样随着工业革命的到来，19世纪末期，以英国和美国学者为主的文化人类学家开始对不同文化的差异，以及跨文化传播活动展开研究。20世纪40年代，美国将跨文化传播从社会文化现象逐渐发展为学科领域，也就是现在的跨文化传播学。其主要原因是第二次世界大战后世界格局逐渐变化，以美国为首的西方国家向全球扩张促使学科领域和学术群体发生迁移。实际上这一现象也是跨文化传播的一种表现形式。此后半个多世纪内，跨文化传播学在西方国家得到普及化发展，也是人文社会科学领域中具有独立理论和研究旨趣的学科。对个体、族群、组织、政府之间所产生的交往表现、文化特征从不同的视角进行观察和解读。由此，对文化与民族心理差异、跨文化语言、文化冲突与解决方式、文化的延续与变容、影响文化发展的因素等更加具象的内容开展研究。跨文化传播学于20世纪80年代初期在我国得到传播，以外语教学及国际关系研究为主，比体育人类学进入我国稍早一些。随着对内、对外文化交往的逐渐加深，我国跨文化传播学的研究范畴和研究视角也得到了不断扩充。跨文化传播的核心媒介首先是人本身，人类兼具文化创造者和传播者双重属性和特质，因此，跨文化传播出现在人类社会的行为层面，人类文化的行为活动得到表现。通过个体、群体、国家之间形成的纽带而展开，维系文化系统和社会结构的动态平衡，从而达到文化不断发展和传播的目的。早在古巴比伦时期，已经存在有文字记载的人类跨文化传播活动。在中国悠久的历史文明发展过程中，更是从来没有停止过与异域或是异族人群的交往和互利。由于其与体育人类学在学科领域中具有同质性特征，因此，本研究立足于体育人类学视角，审视少数民族传统体育的跨文化传播现象。

中国朝鲜族传统体育项目依托其民族历史背景，具有跨文化传播和明显的地域特征。在漫长的历史进程中，中国朝鲜族从朝鲜半岛跨境迁移至中国东北地区，随着社会变迁逐渐融入中华民族大家庭。由于深受中国古代文化的影响和儒家文化思想的熏陶，中国朝鲜族自身文化表现和特征与中国古代传统文化既相容又存在差异。朝鲜族传统体育表现形式多样，项目繁多，其中希日木、秋千、跳板作为朝鲜族三大代表性体育项目与内涵独特的弓箭文化，共同构成了中国朝鲜族传统体育文化。面对现代社会的飞速发展、城市化进程不断加快、人口流失现象以及东北亚地区形势复杂多变等因素的影响，朝鲜族传统体育的传承与发展开始面对新的考验。诸多因素的影响使得传统体育现象发生了形式上的变化，并与其他文化现象相容，出现了新的表现形式，如本研究观察到的：朝鲜族传统体育的竞技化变容；朝鲜族传统体育的观光化变容；朝鲜族传统体育的节庆化发展；朝鲜族传统体育中女性社会地位的提升；朝鲜族传统体育制度文化的现代化；朝鲜族传统体育的礼仪文化等方面。通过体育人类学视角加以解读分析，得出以下结果。

首先，"游戏产生说"中的朝鲜族传统体育原始起源。对于朝鲜族三大代表性传统体育的起源问题，由于没有清晰的文字史料记载，所以，无法从历史学"绝对证据"的角度，以及文化人类学中语言学角度着手调查。依托撒林斯（Marshall Sahlins）提出的"原初丰裕社会"理论，以从其中提取出的"游戏产生说"为视角，结合田野调查发现，在我国，有史料系统性记载的朝鲜族三大代表性传统体育活动出现在 20 世纪初期日本侵略者在延边地区发行的《间岛新报》上，在日本全面侵华战争爆发以前的 1925 年到 1937 年间，《间岛新报》累计报道朝鲜族体育活动 59 次[①]，其中主要内容多为在端午节和中秋节等传统节日期间所开展的民间性活动。至今，在延边朝鲜族自治州博物馆的展品中还存有展现中国朝鲜族人在农田旁赤膊开展希日木的画面。通过这些视角充分印证了"游戏产生说"对于解释朝鲜族三大代表性传统体育的起源的参考意义。

其次，"残存说"视角对朝鲜族传统体育文化符号的理解。泰勒在其《原始

---

① 金京春. 中国東北部間島地域の体育・スポーツ活動に関する研究 [M]. 体育・スポーツの近現代：歴史からの問いかけ. 東京. 不昧堂出版，2011：457.

文化》中提出了"残存说"（survival）。残存的意思是，一些事物在产生初期具有对社会有益的严肃的目的或功能，但随着时间流逝或社会变迁，它会失去原本的文化内涵，演变成纯粹的游戏留存下来。朝鲜族希日木活动中的标志性赏品"黄牛"对于朝鲜族人群的意义恰好印证了"残存说"的理解，即现在我们看到每次朝鲜族大型希日木活动结束以后，都会由地区最高行政首脑，身着民族服装将黄牛亲手交给希日木优胜者，并绕场一周巡游。通过田野调查我们也了解到，这反映的是自古以来作为稻耕民族的朝鲜族在日常活动和祈求平安的过程中对于黄牛寄托了很强的民族情感。

最后，以"升降说"观察朝鲜族传统体育观光化。德国社会学家谷鲁斯（Karl Groos）以规则化运动起源和发展问题为前提，结合其总结的"工具游戏理论（EITP）"（evolutionary instrumentalist theory of play）在1896年提出了"升降说"。朝鲜族传统体育从原始游戏发展到竞技运动，再以竞技赛事和观光化民族体育活动并存的形式出现，恰巧印证了"升降说"中"游戏—竞技—游戏"的基本线路。在升降过程当中，除民族内所发生的变化以外，国家和政府层面为民族文化的传承和发展提供了良好的社会环境和政策支持，有效地推动了民族文化的发展和传播。

结合朝鲜族传统体育的变容及影响因素，归纳出朝鲜族传统体育跨文化传播的主要目标为：1.保持民族文化薪火相传；2.融入新兴技术，推动民族文化发扬光大；3.繁荣中华民族文化宝库；4.铸牢中华民族共同体意识。由此，分析出朝鲜族传统体育的跨文化传播路径可通过以下几个措施加以实现：1.完善现代教育对朝鲜族传统体育文化的传播作用；2.多领域协调推进的体育非物质文化遗产传承模式；3.传承场域的积累与延伸；4.观光化发展推动朝鲜族传统体育的跨文化传播。

此外，通过对域内、域外、域内外相结合的跨文化传播案例进行分析和展示，以此观察不同视角下跨文化传播现象的镜鉴，加深对传统体育跨文化传播的认识与了解，进而带动相关领域的学者们对体育这一文化现象的跨文化传播发展趋势、预期目标、影响因素等方面形成长期的思考与研究。

目 录

第一章 绪 论

第一节 研究背景

中国的朝鲜族人从朝鲜半岛移居中国东北地区始于 17 世纪初，该时期出现了大量的迁入。这个过程一直持续到 1945 年日本宣布无条件投降为止。1928 年，中国共产党召开第六次全国代表大会，将移居中国东北地区的朝鲜人正式列为中国境内少数民族。1949 年 9 月，全国政治协商会议第一届会议在北京隆重召开。时任延边地区委员会书记的朝鲜族人朱德海，作为 10 名少数民族代表之一出席了这次会议。中国是由 56 个民族组成的统一的多民族国家。第七次全国人口普查吉林省数据显示，全省朝鲜族人口为 940 165 人[①]，并且主要集中在延边朝鲜族自治州，2022 年末延边州总人数中，汉族为121.36 万人，占总人数的 60.2%；朝鲜族为 71.63 万人，占比为 35.5%。[②]延边朝鲜族自治州是中国最大的、朝鲜族聚居人口最多的，也是唯一的行政级别为州级的朝鲜族自治地区。作为从朝鲜半岛迁移而来的少数民族，跨境民族所带来的文化与传统地区文化必然要形成互动和融合，跨文化现象应运

---

① 吉林省统计局. 吉林省人口普查年鉴 2020[EB/OL]. (2020-11-01)[2023-08-16]. http://tjj. jl. gov. cn/tjsj/qwfb/jlsdqcqgrkpcnj/zk/indexch. htm.

② 延边州统计局. 延边州 2022 年国民经济和社会发展统计公报[R/OL]. [2023-06-10](2023-8-19). http://www. tjcn. org/tjgb/07jl/37627. html.

而生。但是，随着经济社会环境的逐渐变化，延边朝鲜族自治州受到人口外流、现代文化大量涌入等因素的影响，传统文化的传承与发展情况面临挑战，不少民族传统文化现象受到冲击，随之产生变化。在此过程中，不少朝鲜族居民并未充分了解民族文化发生变化的缘由和过程，导致民族文化认同感降低，加之受到人口流动因素影响，一些民族传统体育活动面临失传的窘境。2020年，习近平总书记在中央第七次西藏工作座谈会上指出，要引导各族群众看到民族的走向和未来，深刻认识到中华民族是命运共同体，促进各民族交往交流交融。延边朝鲜族自治州作为我国面向东北亚的重要交通节点，地理位置、社会环境、文化资源等方面的战略地位尤为重要。在文化发展和传承的历史背景下，在实现中华民族伟大复兴的时代背景下，以体育人类学视角观察朝鲜族传统体育的跨文化传播，对发展文化自信，促进多民族文化和谐发展具有重要意义。同时，通过域内及域外对跨文化传播现象的分析解读，有助于对少数民族传统体育的跨文化传播产生借鉴意义。

第二节　研究综述

一、关于体育人类学的研究动态

体育人类学是早年从文化人类学逐渐延伸分支出来的研究领域。首先，人类学进入我国最早可以追溯到20世纪初期。美国著名人类学家、民族学家摩尔根的《古代社会》①一书被译成中文，介绍给国内读者。1903年，严复翻译了一批文化人类学领域的文章，并开始在国内传播。林纾、魏易把1900年英国人罗威译成英文的德国人哈伯兰（Michael Haborandi）原著《民种学》②译成中文，由北京大学堂官书局出版。文化人类学作为人类学一个分支领域，在

---

① ［美］路易斯·亨利·摩尔根. 古代社会［M］. 杨东莼，马雍，译. 南京：江苏教育出版社，2005.

② ［德］哈伯兰（Michael Haborandi）. 民种学［M］. 北京：北京大学堂官书局，1903（清光绪二十九年）.

20世纪20年代由当时外语专业和人类学学者翻译的译著带入我国学术领域。以蔡元培先生为代表的那一个时代的学者被称为我国人类学的奠基人。中华人民共和国成立以后，费孝通先生成了我国文化人类学领域的标志性人物，在他的《费孝通文集》①《关于人类学在中国》②《21世纪人类学面临的新挑战》③等学术成果中，较为详细地介绍并分析了人类学在中国的发展境况。

人类学作为学科发源于19世纪的英国，泰勒（Edward Tylor，1832—1917）被誉为人类学之父，他的著作《原始文化》（*Primitive Culture*）④至今被视为学术经典。19世纪末期，德国体育史学家G. U. A. Vcieth（1763—1836）在其著作《体育史》中首次提到了体育人类学（sports anthropology）。到了20世纪50年代，美国的文化人类学学者和体育研究者开始共同发表与运动与人类学相关的研究成果，1991年美国文化人类学家勃兰恰德（Blanchard）和体育学家切斯卡（Cheska）共同完成了《体育人类学入门》（*The Anthropology of Sport*：*An Introduction*）。⑤另外一位文化人类学和传播学家美国人爱德华·霍尔（Edward T. Hall）于20世纪50年代开辟了跨文化传播领域（intercultural communication）⑥研究方向。在20世纪前期，历史民族学和人类文化史等研究盛行，运动研究也产生了许多优秀的成果。*Paideuma*期刊在1948年刊登了W. Krickeberg的论文"Das mittelamerikanische Ballspiel und seine religiöse Symbolik"⑦，探讨了墨西哥的生橡胶球游戏的南美起源以及在中美洲的传播。20世纪50年代，人类学引进跨文化研究方法。1959年，Roberts、Arth和

①　费孝通. 费孝通文集［M］. 北京：群言出版社，1999.

②　费孝通. 关于人类学在中国［J］. 社会学研究，1994（02）：1-4.

③　费孝通. 21世纪人类学面临的新挑战［J］. 广西民族学院学报（哲学社会科学版），2000（05）：8-12+16.

④　［英］爱德华·泰勒. 原始文化［M］. 连树声，译. 上海：上海文艺出版社：1992.

⑤　Blanchard K，Cheska A T. The anthropology of sport：An Introduction［J］. Chemistry Technology of Fuels Oils，1991，27（27）：552-554.

⑥　Edward T Hal，Whyte W F. Intercultural Communication：A Guide to Men of Action［J］. The International Executive，1960，2（04）：14-15.

⑦　Krickeberg，Walter. Das Mittelamerikanische Ballspiel Und Seine Religiöse Symbolik［J］. Paideuma，1948（03）：90-118.

Bush 合著的论文"Games in culture"使用了这种分析法。① 该研究论证了特定种类的游玩和游戏与其他文化之间的对应关系。以 43 个传统社会为样本，得出国际象棋、将棋和围棋等战略游戏（即棋盘游戏）与政治统合程度的相关系数很高的结论。这种分析法虽然未得到广泛推广，但这一结论为此前的研究成果——棋盘游戏产生于古代文明（即政治统合程度极高的社会）提供了新的依据，因此也获得了一致肯定。另一方面，拉德克利夫·布朗（A. R. Radcliffe-Brown）和马林诺斯基（B. K. Malinowski）等人于 20 世纪 30 年代在田野调查成果的基础上展开对文化现象的研究，共时性研究逐渐兴起。不过，这类研究在此之前就已出现，通过功能论、结构论、象征论等理论模型分析在特定社会的文化中作为元素之一的体育运动所起到的作用、社会结构和体育运动的关系以及体育运动中反映出了哪些文化内涵和元素。象征主义对这类研究尤为关注，研究老挝传统划艇比赛的 Archaimbault（1972, La course de pirogues au Laos）是这类研究的代表人物。德国著名民族学家 K. Weule 在 G. A. E Bogeng 的著作 *Geschichte des Sports aller Völker und Zeiten*② 中负责第一章"Ethnologie des Sports"（体育的民族学）的撰写，其定位相当于人类体育史的原始时代，不得不将史前体育的重塑作为主要内容。因此，虽然标题"体育的民族学"看似是对学科体系的系统论述，但内容并未涉及。该部分运用谷鲁司（Karl Groos）游戏升降说论述了体育运动的起源；第二节"Ethnographie des Sports"（体育的民族志）介绍了现存原始人的民族体育运动，并在和古希腊运动及国际体育的比较下指出原始人的民族体育具有很强的宗教性色彩。在当时的历史环境下，德国受到历史民族学的影响较深，Weule 的"体育的民族学"也是从该领域的角度构思出来的。与此相对，勃兰恰德（Kendall Blanchard）和切斯卡（Alyce Cheska）在 60 年后提出的体系是体育史和体育社会学的综合体。英语中的 anthropology 由 natural anthropology（自然人类学）和 cultural anthropology（文化人类学）组成，合起来又称 general anthropology。因此，anthropology of sports 这一

---

① Roberts J M, Arth M J, Bush R R. Games in Culture[J]. American Anthropologist, 2010, 61(04)：597-605.

② Bogeng G A E, Altrock H , Blaschke G P . Geschichte des Sports aller Völker und Zeiten[M]. Seemann, 1926.

表述中包括遗传学、解剖学等自然人类学，但勃兰恰德和切斯卡将文化人类学作为研究的核心，因此，他们理解的体育人类学的实质应为体育的文化人类学。根据文化不限时代和社会的原则，古今的体育、民族体育和国际体育都成为研究的对象。而二人的想法就是用历史学、社会学和人类学的方法分析人类的所有体育运动。他们要用国际政治、商业或性别学、人种问题等理论模型分析古典人类学家所不曾研究的奥林匹克、足球世界杯等广大体育现象。这一构想的过人之处在于研究对象之广，但必须指出他们忽视了身体的问题。特别是体育学、体育科学和运动科学积累了很多"有关身体的文化"，其中包括古希腊的 gymnastikè、19 世纪的 physical culture 以及 20 世纪的 korperkultur 等概念。

二、体育文化对于社会构建问题的研究

德国学者达姆(Damm)的研究汇总了关于现代印度尼西亚和大洋洲竞技运动的文献资料。他讨论的不是起源问题，而是民族性体育运动的宗教与社会功能问题，如竞技运动以什么形式存在，分布在哪些地方，在社会中发挥着怎样的功能等。弗斯(John Firth)是英国的社会人类学家，伦敦语言学院的创办人。他在名为《大洋洲》的学术期刊上刊登了一篇通过田野调查整理的大洋洲提科皮亚岛上投飞镖竞赛的民族志，副标题为"未开化体育运动的社会学"。虽然有外来移民到岛上居住，但岛上的原住民依然过着原始的社会生活，人们通过投飞镖促进人际文化交流和语言沟通，并且在人们生活周期中发挥了很大的作用。弗斯认为，正是这种游戏增强了这个社会的统合能力和岛民的集体认同感，进而使小岛的生活持续稳定。《印度尼西亚群岛民族秋千》是克鲁伊特(Albert Kruyt)于 1938 年发表的研究成果，他通过田野调查从宗教文化角度分析了印度尼西亚(下文简称"印尼")的秋千运动。印尼成为荷兰的殖民地后，当地王国遭到毁灭。但在此之前，印尼各地分布着很多王国，他们把荡秋千作为一种王室礼仪。这篇文章提到，大概是受了印度的影响，在印尼各地流行一种宗教性质的荡秋千活动，它和我们了解的儿童荡秋千游戏不同，被赋予了有关国王统治的功能，也就是某项游戏或体育运动被赋予了本质功能以外的其他功能，并且具备社会统合能力。Hye-Kerkdal 是维也纳学者，她

原本是体育老师，后转行从事文化人类学方面的工作。她发现巴西 Timbira 族群喜欢进行一种抬圆木比赛，两个队伍，每个队有很多人，以接力形式轮流抬圆木，共跑 5 千米，圆木重约 100 千克，队员跑一会儿就会筋疲力尽。通过观察，Timbira 族人认为在这种体能消耗极大，在意识逐渐模糊的时候人们进入了超自然状态，就能够和祖先进行"交流"。Hye-Kerkdal 关注的是比赛分组问题，"dualorganization"在巴西语中译为两分制，它的划分单位叫"半族"，因为比赛的分组与 Timbira 族的传统社会组织"半族"有关。他们认为宇宙把部落分成两半，半个组织就叫半族。不同半族的人才能结婚，比如 A 半族的男人可以和 B 半族的女人结婚，反之亦然。两个半族合作意味着强大，而抬圆木比赛就是促成合作关系的一种重要手段。当两个半族打算挑起争端时，通过规则约束下的竞技活动可以有效化解矛盾。这种思维模式在其他社会也一样，我们通常认为竞争是决定两者优劣关系的手段，但其实它会把对立的双方结合到一起。

John Roberts、Malcolm Arth 和 Robert Bush 合著的《文化中的游戏》(*Games in Culture*)是一篇关于游戏的跨文化研究。他们把游戏分成三类：技术游戏(games of skill)、机会游戏(games of chance)和战略游戏(games of strategy)。技术游戏是技术最棒的人获胜的游戏；机会游戏是掷骰子之类的游戏，除非在骰子上做手脚，否则就不能保证获胜，输赢靠运气来定；第三种是战略游戏，比如象棋、围棋、将棋、国际象棋等，也就是棋盘游戏。他们提出的问题是：这三种游戏分别对应什么样的文化。为此，他们搜集世界各地的数据和史料，论证哪种社会环境下对应哪种类型游戏的普及度更高。1949 年耶鲁大学成立了研究机构"人际关系领域"(Human Relations Area Files)，汇集了世界各地民族志研究成果，提供各民族文化的资料数据。三位学者从这些资料中随机抽取 50 多个样本进行了比较研究。结果呈现出统计学上的显著性：统合程度较高的社会不是狩猎采集社会，而是酋邦社会，在这样的社会形态下一般多进行战略游戏。在这项研究出现之前，人类学家以记述为主，没做过统计学分析。在这篇文章发表后，人们很快意识到这样的思路可以帮助人们拓宽研究视角。

我国体育人类学研究始于 1986 年，《成都体育学院学报》发表了学者谭华的《体育与人类学》①，1991 年胡小明撰写并发表学术论文《体育人类学与民族体育的发展》②，强调运用人类学研究民族体育的重要性和必要性，主张引入新兴学科以弥补传统研究手段的不足。1999 年，胡小明主编的《体育人类学》③，2001 年席焕久主编的《体育人类学》④，2005 年，后来被定性为高等学校教材的胡小明编著的教材《体育人类学》⑤，以及 2009 年北京体育大学出版社出版的，寒川恒夫教授和仇军教授主编的《体育·人类·文化》⑥等成了支撑我国体育人类学领域的理论性代表著作。随着体育人类学在我国传播的不断深化，近年来已有越来越多的学者对此产生关注。如杨海晨先后发表了《我国高校体育人类学课程设置现状与思考》⑦、《类型化：一个体育人类学中观议题的缘起、意义及实践》⑧、《从工具到传统：红水河流域"演武活动"的历史人类学考察》⑨、《想象的共同体：跨境族群仪式性民俗体育的人类学阐释——基于傣族村寨"马鹿舞"的田野调查》⑩、《论体育人类学研究范式中的跨文化比较》⑪、《论体育人类学研究范式中的田野调查关系》⑫等，这些成果分别从局部视角审视了族群体育文化的内涵与变迁，从整体视角观察我国当下体育人类学的发展现状与省思，较为系统地呈现了目前我国民族传统体育文化的个体案例，以及总体发展状态，为关注体育人类学的学者提供了较为

①　谭华. 体育与人类学[J]. 成都体院学报，1986(02)：1-5.

②　叶国治，胡小明. 体育人类学与民族体育的发展[J]. 成都体育学院学报，1991(01)：17-19.

③　胡小明. 体育人类学[M]. 广州：广州人民出版社，1999.

④　席焕久. 体育人类学[M]. 北京：北京体育大学出版社，2021.

⑤　胡小明. 体育人类学[M]. 北京：高等教育出版社，2005.

⑥　寒川恒夫，仇军. 体育·人类·文化[M]. 北京：北京体育大学出版社，2010.

⑦　杨海晨，凌雅燕. 我国高校体育人类学课程设置现状与思考[J]. 体育成人教育学刊，2019，35(05)：84-90.

⑧　杨海晨，沈柳红. 类型化：一个体育人类学中观议题的缘起、意义及实践[J]. 西安体育学院学报，2017，34(03)：275-280.

⑨　杨海晨，王斌. 从工具到传统：红水河流域"演武活动"的历史人类学考察[J]. 北京体育大学学报，2015，38(10)：14-22+36.

⑩　杨海晨，王斌，胡小明，沈柳红，赵芳. 想象的共同体：跨境族群仪式性民俗体育的人类学阐释——基于傣族村寨"马鹿舞"的田野调查[J]. 上海体育学院学报，2014，38(02)：52-58.

⑪　杨海晨，王斌，胡小明，赵芳，沈柳红，陈宁，李良桃. 论体育人类学研究范式中的跨文化比较[J]. 体育科学，2012，32(08)：3-15.

⑫　杨海晨，王斌，沈柳红，赵芳. 论体育人类学研究范式中的田野调查关系[J]. 体育科学，2012，32(02)：81-87.

全面的学术启发。韦晓康先后以《云南苗族"吹枪"的文化生态学探赜》①、《〈民族体育文化延伸〉之延伸思考》②、《壮族蚂祭祀中的身体人类学意蕴解读》③、《论体育民族志研究的方法论及其新趋势》④、《体育民族志：微信田野话举国体制》⑤、《当代中国体育人类学研究的发展趋势》⑥、《身体、符号与社会——文化人类学视野下的身体活动研究》⑦、《陀螺传统体育项目文化及其特征——以云南景谷县为例》⑧等成果，长期从事体育人类学研究，并且其研究对象的地域跨度、历史跨度、文化跨度较大，比较全面地对我国部分地区和当地民族传统体育文化进行观察。此外，依托地区民族部分及民族文化特色等因素，近年来我国还涌现了一大批中青年体育人类学者，从不同视角和侧面对我国各传统体育文化现象，以及现代体育文化与传统体育文化的冲突表现进行探究，极大地丰富了我国体育人类学研究成果，推动了体育人类学在我国的稳步前进。

三、对于中国朝鲜族传统体育的有关研究

目前国内学术领域对于中国传统体育的相关研究，主要集中在民族传统体育发展史和民族传统体育的发展战略等方面。崔乐泉的《中国体育通史》全书共8卷，其中第1卷和第2卷专门记录了中国古代体育和民族体育的发展⑨，引用了大量的历史资料及文献对中国古代体育的起源及传播进行回溯；

---

① 徐鹏，韦晓康，王洪珅．云南苗族"吹枪"的文化生态学探赜[J]．四川体育科学，2022，41（03）：71-75．

② 韦晓康．《民族体育文化延伸》之延伸思考[J]．武术研究．2022，7（04）：157．

③ 韦晓康，马婧杰．壮族蚂祭祀中的身体人类学意蕴解读[J]．广西民族研究，2021（01）：73-81．

④ 韦晓康，熊欢．论体育民族志研究的方法论及其新趋势[J]．北京体育大学学报，2018，41（09）：112-119．

⑤ 韦晓康，白一莛．体育民族志：微信田野话举国体制[J]．青海民族研究，2017，28（04）：96-99．

⑥ 韦晓康．当代中国体育人类学研究的发展趋势[J]．体育学刊，2016，23（03）：28-32．

⑦ 韦晓康．身体、符号与社会——文化人类学视野下的身体活动研究[D]．北京：北京体育大学，2015．

⑧ 韦晓康，赵志忠．陀螺传统体育项目文化及其特征——以云南景谷县为例[J]．北京体育大学学报，2011，34（11）：15-18．

⑨ 崔乐泉．中国体育通史[M]．北京：人民体育出版社，2008．

以历史学视角为研究方法，通过针对民族传统体育史的研究梳理民族体育的发展特点，对体育起源的几种观点进行了归纳；对朝鲜族移民史的研究，从移民史角度阐释了朝鲜族的民族文化内涵和渊源。孙春日的《中国朝鲜族移民史》以中国和朝鲜半岛的地缘关系为起点，从清朝朝鲜半岛人群向我国境内迁移开始追溯，到1952年延边朝鲜族自治区成立，从社会、文化、历史、人群结构等多个角度进行研究。[①] 姜允哲的《中国朝鲜族体育研究》[②]和金青云编著的《中国朝鲜族体育发展战略研究》[③]，从体育科学的视角对朝鲜族体育进行人文社会学研究。两部代表性研究成果主要以朝鲜族体育传承和发展以及朝鲜族地区的各项体育发展战略为研究重点。两部著作都是两位学者的国家社科基金结项成果，具有较高的科研价值和现实意义。《中国朝鲜族体育研究》是专门针对朝鲜族体育运动发展的研究，该书不仅回顾了中国朝鲜族从迁入时代到改革开放以后的体育发展，还对朝鲜族体育的受众对象和参与群体，以及地方性配套场馆等问题做了研究。《中国朝鲜族体育发展战略研究》从学校体育、群众体育、竞技体育、体育文化等多个方面切入，针对朝鲜族体育和朝鲜族参与体育活动的全过程进行研究。此外，针对朝鲜族传统体育的性别文化方面，周卉的《从社会性别视角探析朝鲜族女性传统体育的形成与流变——以秋千、跳板等项目为例》，从秋千和跳板两个传统体育项目着眼，以社会性别和朝鲜族女性的社会角色为切入点，透过朝鲜族传统文化背景和文化源流，系统回顾了朝鲜族女性参与传统体育活动的历史脉络，提出了较为详尽的史料佐证，由此带入对当今社会朝鲜族女性参与民族传统体育的表现。分析指出，现代竞技体育的繁荣客观上导致朝鲜族女性参与传统体育活动的人数下降，身体观念的变化影响了参与传统体育的女性年龄群体划分，主要表现为以中老年女性为主。文章从历史回顾、社会现象分析等角度审视了朝鲜族传统体育文化在女性群体中开展的现状，为深入研究朝鲜族传统体育传播现象提供了参考。赵阳在《延吉市高中朝鲜族民族传统体育运动开展现状及对策研究》中，针对延吉市高中阶段朝鲜族民族传统体育的开展现状、遇到的

---

① 孙春日. 中国朝鲜族移民史[M]. 北京：中华书局，2009：5-7.
② 姜允哲. 中国朝鲜族体育研究[M]. 北京：人民体育出版社，2009：7-11.
③ 金青云. 中国朝鲜族体育发展战略研究[M]. 北京：北京体育大学出版社，2010. 5-9.

问题、影响因素、应对策略等方面进行研究。文章以我国学校体育在提高学生身体素质方面为出发点，认为体育教育虽然取得了一定成绩，但学生对体育的认知和体育行为素质等方面尚未达到应有的水平和预期。文章对延吉市高中阶段朝鲜族传统体育的开展及设置情况展开分析，主要采用定量分析中问卷调查和数据统计方法，从延吉市高中阶段民族传统体育师资、课程、内容、形式等角度进行信息采集。针对其中呈现的问题，研究提出校本课程开发、强化民族体育文化发掘及整理、加强师资队伍建设等发展策略。在各类校园内开展民族传统体育活动，不仅可以充实学校体育的内涵，有效提高学生身体素质，提高学生身心健康水平，而且可以弘扬民族优秀文化，培养学生的民族团结意识、民族奋斗精神和浓厚的爱国情怀。在延边大学民族研究所编写的《朝鲜族研究论丛(三)》中，关于朝鲜族女性参加秋千运动的记载始于高丽王朝中期。刘洋的《朝鲜族秋千起源初探》梳理了中国朝鲜族秋千起源与发展的时间线。据《艺文类聚》卷四记载，秋千在中国起源于北方的山戎民族("北方山戎，寒食日用秋千为戏")，经过几个朝代的传播，通过对外的文化交流流入朝鲜半岛，形成风俗习惯，又通过民族的迁徙回到中国，形成了具有中国特色的朝鲜族秋千文化。[①] 崔英锦《朝鲜族秋千的文化性格与教育功能解析》一文从传播学的角度对朝鲜族秋千的起源进行了较为全面的阐述，此外还解析了朝鲜族秋千的文化性格与特征，总结了朝鲜族的多元文化价值和教育功能。[②] 王铁民在《谈朝鲜民俗与杂技》一文中简述了朝鲜族跳板运动的玩法。[③] 金青云的《中国朝鲜族跳板运动研究》一文从民俗文化学的视角论述了朝鲜族跳板运动的起源，解析了跳板的文化特征和教育功能，认为朝鲜族跳板运动起源于朝鲜族日常物质生产劳动，具有良好的教育功能，提出了一些建议来保证了跳板运动的传承，这篇文章对朝鲜族跳板进行了宏观概述。[④] 权振国在《新农村建设背景下的延边朝鲜族民俗体育文化发展研究》一文中提到在李氏王朝统治时期就出现过关于跳板运动的文字记载，棋盘运动及其起源

① 刘洋. 朝鲜族秋千起源初探[J]. 当代体育科技，2016，6(32)：182-183.
② 崔英锦. 朝鲜族秋千的文化性格与教育功能解析[J]. 民族教育研究，2007(04)81-85.
③ 王铁民. 浅谈朝鲜民俗与杂技[J]. 杂技与魔术，1994(03)：22.
④ 金青云. 中国朝鲜族跳板运动研究[J]. 山东体育学院学报，2013(5)31-35.

与当时社会思想有关。① 周小丹在《中国朝鲜族跳板活动方兴未艾》一文中从多个角度论述了朝鲜族跳板的起源发展，介绍了重大节日跳板比赛如何举行，跳板运动的比赛规则和评分标准，同时指出了跳板运动对朝鲜族女性及朝鲜族传统体育的重要性，通过参加跳板运动的女性社会作用和社会地位的变化反映出朝鲜族民族传统体育发展的特点，为朝鲜族体育的科学化发展提供了理论参考。② 朝鲜族跳板运动的起源仍有不同的说法，但提到最多的是朝鲜族女性为了摆脱封建束缚而向往外界的传说。目前，还没有详细分析朝鲜族跳板运动文化演变过程的成果。本研究系统地研究了朝鲜族跳板在社会政治、经济、文化需求差异下的文化特性和社会功能。曲达帅在《朝鲜族跳板运动员的体能特征研究》一文中分析了运动员体能训练的特点，制定了提高跳板运动员成绩的针对性方案。研究表明，运动员需要具备能在短期内承受较大负荷的心肺功能和抗疲劳能力，需要具备更标准的技术动作、复杂动作及身体协调等各种运动能力。该研究试图从跳板运动员的竞技能力入手，在学科建设背景下提高朝鲜族跳板运动的竞技化水平，提高社会对朝鲜族传统体育项目的关注度，以期在学校体育教学实践中得到更有效的传承发展。③ 这是从朝鲜族跳板运动参与者方面发掘的一个新的研究方向，可以看出它从训练的角度支持朝鲜族跳板的传承，并通过实例证实了方法的有效性。徐楠楠在《女性体育权对朝鲜族女性参与跳板运动的影响研究》中指出，作为弱势群体的女性正在争取包括体育权在内的各种人权。通过多重研究法，从女性合理获得体育参与权的角度入手，探索朝鲜族女性在参与跳板运动过程中，提高社会地位的方式方法，为寻找朝鲜族跳板可持续发展的途径，提供理论支撑。④ 随着妇女社会地位的提高，妇女参加体育的权利得到切实保障，有利于朝鲜族跳板的本土化发展，民族节日、文化传统使跳板运动世代相传，是凝聚朝鲜族人民的向心力，也促进了朝鲜族与其他民族的友好交流。

---

① 权振国. 新农村建设背景下延边朝鲜族民俗体育文化发展研究[D]. 延吉：延边大学，2014.
② 周小丹. 我国朝鲜族跳板活动兴起寻绎[J]. 体育文化导刊，2015(01)180-183.
③ 曲达帅. 朝鲜族跳板运动员的体能特征研究[J]. 当代体育科技，2019，9(28)：203-205+207.
④ 徐楠楠. 妇女体育权对朝鲜族妇女参与跳板运动的影响研究[J]. 西昌学院学报(自然科学版)，2014，28(4)：139-141.

国外学者针对中国朝鲜族体育文化和跨文化传播的研究虽有涉足，但是仅仅局限在几个单一项目上，并没有专门针对中国朝鲜族传统体育文化的全面研究。朝鲜族摔跤（Ssireum），在国外一般按照朝鲜族语言发音直译过来，近年来我国朝鲜族摔跤通常音译为"希日木"。对于希日木和中国朝鲜族其他传统体育项目，以及朝鲜半岛拔河的人类学研究主要集中在日韩等国家，如日本学者寒川恒夫的《相撲の人類学》①，以及宇佐美隆宪的《草相撲の人類学：東を事例とする動態の民俗誌》（2002）②，两位学者都曾对中国延边地区朝鲜族进行过长期观察和田野调查，对朝鲜族希日木的传播及发展变化进行了详细分析。韩国学者李燦雨在其文章《朝鮮の弓術と「射契」：德遊亭所藏史料の解読を通して》③中对存在于古代朝鲜时期的两大港口之一的江景德游亭弓道场所藏史料进行系统发掘和整理，分析古代朝鲜半岛弓箭文化的发展路径和历史内涵。另外，美国得克萨斯大学的 Sparks，2011 年完成的博士论文"Wrestling with Ssireum：Korean Folk Game vs. Globalization"对韩国的传统希日木进行田野调查，对韩国国内大学生希日木联盟和联赛进行跟踪调查，以文化人类学的研究视角对希日木在韩国的发展和变化进行研究，最终从民族认同角度得出希日木发展过程中几种变化的文化源头。④

四、跨文化传播研究对于体育文化的有关研究

当前我国跨文化传播对于体育文化的关注方兴未艾，国家社科基金有关跨文化传播的项目从 2005 年开始出现，大多数归类于新闻与传播学科。跨文化传播涉及文化人类学与传播学领域，单波的《跨文化传播的基本理论命题》较为全面详细地分析了跨文化传播的同构、文化波、文化休克，以及民族中心主义等传播学理论，对"自者"与"他者"的传播关系进行了详细介绍，对于

① ［日］寒川恒夫，［日］宇佐美隆憲. 相撲の人類学［M］. 东京大修館書店，1995.
② ［日］宇佐美隆憲. 草相撲のスポーツ人類学：東アジアを事例とする動態の民族誌［J］. 2002.
③ 李燦雨. 朝鮮の弓術と「射契」：德遊亭所藏史料の解読を通して［J］. 体育学研究，2011，56（02）：343-357.
④ Sparks，Christopher A. Wrestling with Ssireum：Korean Folk Game vs. Globalization［D］. Texas：Texas A&M University，2011.

了解跨文化传播的基本理论知识和充实本研究有很大借鉴意义。① 另外一部分成果集中于个案研究，从 20 世纪 90 年代初期跨文化传播的研究成果在我国逐步形成规模，截至本书写作时共计有千余篇学术文献。曹萌在《东北跨境民族文化传承研究及其战略实施》中提到了东北地区跨境民族面临的文化传承问题以及解决方案，还有一部分成果集中在民族地区跨文化教育传承及发展问题上。② 陈立鹏、仲丹丹在《新中国成立 70 年：对民族教育"深层次问题"的再思考》中提出："新中国成立以来，在党中央、国务院的高度重视和亲切关怀下，我国少数民族教育事业发生了翻天覆地的变化，取得了举世瞩目的成就。特别是党的十八大后，在全面建成小康社会、坚决打赢脱贫攻坚战的战略背景下，国家采取了许多政策措施加快发展民族教育，提高了各民族教育事业的发展水平，各民族在教育方面均得到了历史发展的有利机遇。"③ 此外，在跨文化传播视角下，边疆地区人类学发展的关注度也得到提高。何修良在《边疆人类学发凡：全球化时代边疆观的叙述与重构》中提出："从人类学视角出发，由边疆看世界，梳理全球化时代的边疆观形成过程，既能够理解流动社会中'边疆'这一概念发展的历史进程和内涵演变，也有助于全面认识边疆问题的时代特征以及相应的治理安排。"④ 刘妍，王瑜在《"一带一路"背景下促进我国边境地区各民族交往交流交融的教育使命与路径》中提出，推动边境地区经贸交往、文化交流和社会交融的边疆少数民族教育，应通过培养跨文化人才，搭建现代化教育交流平台，开展对中华文化认同传播等教育形式，来完成"实现民心相通、弥合文化冲突、培育共同体意识"的"一带一路"发展目标和建设使命。⑤ 马骅的《关于民族旅游可持续发展的思考》是近年来较少的

---

① 单波. 跨文化传播的基本理论命题[J]. 华中师范大学学报(人文社会科学版), 2011, 50 (01): 103-113.

② 曹萌. 东北跨境民族文化传承研究及其战略实施[J]. 民族教育研究, 2013, 24(06): 116-120.

③ 陈立鹏, 仲丹丹. 新中国成立 70 年：对民族教育"深层次问题"的再思考[J]. 民族教育研究, 2019, 30(05): 14-21.

④ 何修良. 边疆人类学发凡：全球化时代边疆观的叙述与重构[J]. 广西民族研究, 2021(06): 109-116.

⑤ 刘妍, 王瑜. "一带一路"背景下促进我国边境地区各民族交往交流交融的教育使命与路径[J]. 贵州民族研究, 2020, 41(05): 190-196.

从文化角度考察民族地区旅游发展的成果。① 在新常态环境下，实现民族旅游产业可持续发展，成为旅游业的重要课题。要想实现民族旅游业的可持续发展，应坚持人群、生态、社会、文化及经济增长等 5 方面可持续发展。坚定不移推动发展生态旅游、发展民俗旅游、发展文化旅游、发挥少数民族村寨特色、打造中华民族旅游业品牌。截止本书写作时，有关我国跨境民族文化传播的学术论文为 300 余篇，且研究对象大多集中在西南少数民族地区，对于东北地区的跨境民族的文化传播方面的研究还有很大的发掘空间。

第三节　研究目的

2016 年 8 月，国家主席习近平在接见征战巴西里约热内卢夏季奥运会的中国代表团时指出，体育运动是社会发展和国家进步的重要标志，是综合国力和国家软实力的突出体现。《全民健身计划（2016—2020）》主要任务中第一点就明确指出："弘扬体育文化，促进人的全面发展。"②随着近年来体育类非物质文化遗产发掘保护工作的力度加大，少数民族传统体育文化得到了普遍重视。民族传统体育的发展，对于实现我国体育强国目标具有重要的历史和现实意义。吉林省延边朝鲜族自治州作为全国朝鲜族人口最多，面积最大的朝鲜族自治地区，随着经济社会发展和人群文化结构等方面变化，以希日木（朝鲜族摔跤）、秋千、跳板、弓箭为代表的民族传统体育也随之产生了各种变化。据统计，在中国 56 个民族当中，有 30 余个"跨境民族"，在东北地区分布了蒙古族、满族、朝鲜族、俄罗斯族、鄂温克族、赫哲族等 6 个跨境民族。作为东北地区的跨境民族的组成部分，朝鲜族有其独特的历史及文化背景、文化传播路径、文化变迁影响因素等。2021 年第七次全国人口普查的结果显示，朝鲜族人口为 1 702 479 人，延边州朝鲜族人口为 597 426 人，与 2010

---

① 马骅. 关于民族旅游可持续发展的思考[J]. 中南民族大学学报（人文社会科学版），2017，37（06）：126-130.

② 国务院. 国务院关于印发全民健身计划（2016—2020 年）的通知[EB/OL]. （2016-06-23）[2022-06-19]. https://www.gov.cn/zhengce/content/2016/06/23/content_5084564.htm.

年第六次人口普查相比，减少了 137 759 人，下降 18.74%。2016 年延边州政府发布的《关于全州朝鲜族教育情况的调研报告》中指出，2001 年到 2016 年 15 年间，全州朝鲜族中小学校整体数量减少 73%，在校生人数减少 76%。①朝鲜族人口逐渐减少将会给未来区域经济、文化、教育、医疗、卫生等各领域带来系列连锁反应。在信息技术不断升级、民族文化融合不断延伸的当下，朝鲜族传统体育的跨文化传播成了本研究的关注重点。

本研究将以文化人类学为基础逐渐发展而来的体育人类学作为主要观察视角，运用田野调查法和史料分析法为主要研究方法，审视中国朝鲜族传统体育文化历史源流；分析朝鲜族代表性传统体育项目的历史文化成因和内涵等；分析并归纳朝鲜族传统体育文化的变容表现及影响因素；总结朝鲜族传统体育项目在跨文化传播过程中所面临的突出问题；提出探索朝鲜族传统体育实现跨文化传播的有效路径；搜集并分析域内、域外、域内外结合的体育现象的跨文化传播案例，以此为镜鉴为我国民族传统体育的跨文化传播提供参考，从而为保护民族传统文化和促进跨文化传播发展提供学术支撑。

第四节 研究方法

田野调查法：通过田野调查收集与课题有关的文献资料、视频音频、历史文物，直接整理采访记录、观察笔记等（见表 1.1）。本研究过程分为初期调查、正式调查、补充调查三个阶段，初期调查期间对有关国外文献进行收集和整理，充分了解国外学术信息和研究情况。正式调查过程中将分阶段长时间深入延边朝鲜族自治州，对有关部门和朝鲜族生活息息相关的内容进行信息采集，采集将运用多样化手段和方法，力求收集上来的信息具有全面性、真实性、准确性的特质。补充调查阶段将对初期调查和正式调查阶段内遗漏部分进行再次补充。

---

① 延边朝鲜族自治州人大常委会. 关于全州朝鲜族教育情况的调研报告 [R/OL]. (2016-07-22) [2022-06-19]. http://www.ybrd.gov.cn/cwhy/esyc224/2016-07-22/173528.html.

表 1.1 田野调查计划表

调查阶段	时间	地点
初期调查	2018-04-08	韩国，首尔国立大学体育学院；日本，东京国立国会图书馆
正式调查 1	2018-09-11	延吉市旅游局、延边州体育局、延边州民族宗教事务委员会、延边大学体育学院、星洲青少年体育俱乐部、中国朝鲜族民俗风情园、延边州图书馆、延边州博物馆、延边州档案馆、延边州各地
正式调查 2	2019-02-04	延边大学体育学院、星洲青少年体育俱乐部、延边州图书馆、延边州博物馆、延边州档案馆、国内朝鲜族聚居地
正式调查 3	2019-04-06	延边州龙井民俗村、延边日报新闻社、延边晨报社
补充调查	2020—2021	正式调查 1~3 中场所

注：笔者制作

象征分析法：以传播论与解释学的深层关系展开研究，表现在祭礼、仪式上的观察与分析，从社会文化基础发掘民族象征。

史料分析法：由于研究对象涉及跨境民族文化传播，因此，在研究过程中需要对朝鲜族跨境历史背景、发展形成路径、相关领域传统文化现象等内容进行系统梳理。本研究的史料文献分布范围较大，笔者分别在中国、韩国、日本等国家展开搜集，先后到访中国国家图书馆、延边日报社档案室、日本国立国会图书馆、日本早稻田大学中央图书馆、韩国首尔大学图书馆等地，对馆藏史料进行收集和甄别，通过年代梳理、地域划分、口述记录等方式，对史料内容展开分析和核对。

第二章　中国朝鲜族传统文化的形成

第一节　中国朝鲜族文化形成的时代背景

中国朝鲜族于 17 世纪初从朝鲜半岛逐步移居到中国境内，以进入东北地区为主。在 19 世纪后半期出现了大规模移入现象，这一过程一直持续到 1945 年抗日战争结束，长达近一个世纪之久。针对中国朝鲜族的归属问题，早在 1928 年中国共产党召开的第六次全国代表大会上，就已经把移居到中国东北地区的朝鲜人划归为中国少数民族的组成部分。1949—1954 年，朝鲜族出现在新中国成立后首批认定的 38 个少数民族中。主要聚居在延边朝鲜族自治州，中国朝鲜族漫长的迁移历史塑造了其独具特色的民族文化和丰富多样的表现形式。

一、不同历史背景下的朝鲜族迁入

(一) 明清朝代更迭时期的朝鲜族迁入

这一时期的朝鲜族人由于战争频发，因不断逃亡而被动迁移至中国境内。1619 年，明朝与努尔哈赤率领的部队在萨尔浒展开战斗，最后以努尔哈赤的部队取得胜利而告终。在这场战役中，朝鲜军应明朝要求，出兵13 000多人。① 朝鲜军得知明朝军队溃败的消息后，于1619年3月在将领姜宏立的率领下，向努尔哈赤部队投降。② 1616年，努尔哈赤在赫图阿拉(今辽宁省新宾市)建立了后金政权；1625年迁都沈阳市；1636年在盛京(沈阳)将国号改为大清。大清对朝鲜用兵，主要是出于对朝鲜仁祖王对明朝的一边倒政策的不满。仁祖王继位后，坚持"向明(明朝)排金(后金)"政策。后金阿敏贝勒于1627年1月率兵3万多人，对朝鲜地区发起第一次征讨，当时恰逢中国干支纪年丁卯年，所以史称"丁卯之役"。后金部队通过鸭绿江，分兵两路进攻朝鲜，朝鲜部队对于后金的突袭束手无策，最后谋求和解。朝鲜的《仁祖实录》卷16记载经双方协商，1627年3月在江华岛达成和解，史称"江都会盟"。江都会盟以后，后金分三路从朝鲜撤兵，但是在撤兵的过程中，后金兵不仅对朝鲜群众的财物进行掠夺，同时还俘虏了大批的朝鲜族青壮年和妇女。《仁祖实录》卷15记载，古代朝鲜平安道、平山、瑞兴、新溪、遂安、凤山、牛峰、载宁、海州等地区几乎被扫荡一空。《仁祖实录》卷16记载，在平壤地区，被俘虏男女共计2 193人，江东地区被俘虏男女252人，顺安地区被俘虏男女576人，肃川地区被俘虏男女378人，六个地区被掳走的人数共计4 986人。1636年，清政府第二次发兵征讨朝鲜，这场战争掳掠的朝鲜军民达几十万，史称为"丙子之役"。

清朝统治时期，朝鲜人以图们江、鸭绿江以北的中国东北地区为主要迁入地，迁移分为两个阶段：第一阶段为清廷实行封禁管制时期，第二阶段是清廷推行开禁获准时期。第一阶段从乾隆年间(1711年—1799年)开始，持续到同治年间(1862年—1874年)。这一时期，清廷颁布东北封禁令，严禁普通人、朝鲜人到封禁地区。但是，清廷和朝鲜虽然采取了严厉的措施制止人们进入该地区，但是都没有从根本上阻止人们进入封禁区域。第二阶段时，随着清廷对东北的解禁，在光绪初期(1875年—1908年)开始允许朝鲜人在图们江开垦，一直持续到清朝灭亡。虽然清廷在政策上规定得非常严格，但是依然没有阻挡住朝鲜人冒险进入封禁地区的行为。朝鲜人坚持冒险进入中国东

---

① 潘喆，孙方明，李鸿彬. 清入关前史料选集[M]. 北京：中国人民大学出版社，1989：417.
② 辽宁大学历史系. 重译满文老档太祖朝　第一分册[M]. 沈阳：辽宁大学历史系，1978：64.

北地区的主要原因有以下几个方面。

第一，朝鲜北部地区自然环境恶劣，难以开展生产生活活动。朝鲜称咸镜北道地区为"关北"，习惯以摩天岭山脉为界分为"南关"和"北关"，其地理位置对应现在朝鲜的咸镜南道和咸镜北道。北道平均海拔 1 000 到 2 000 米，属山区，有崇山峻岭，从事农业活动的条件十分恶劣。虽然图们江流经这里，但是这段区域内平缓的利于耕作的土地非常少。《北关纪事》《北路记略》风俗中记载：因为地广人稀，春晚秋早，土地寒冷，草木作物难以生长，可以耕作的土地非常少。此外，当时朝鲜北部居民的主要粮食是大麦，在关北收获的时间大致在 6 月份前后，比南部地区稍晚1—2个月时间。①

第二，在朝鲜地区，一直存在南部居民歧视北部居民的观念。因为在李成桂建立朝鲜国的过程中战乱不断，朝鲜北部地区混杂了很多其他民族的人，而在战后这些人归化成了朝鲜人，但是他们却受到了原生朝鲜人的歧视。

第三，严重的经济负担。由于朝鲜北部边境地区是朝鲜人和其他民族人杂居区域，所以李氏王朝为了防止更多朝鲜人被异化，不提倡其他地区的朝鲜人进入此地，如果有人要进入这个地区生活，必须要到这里以外的地区提前购置好日用品和粮食以及种子。结果导致北部地区没有货币流通，居民之间的交易还是最原始的物物交换的方式，甚至土地和房屋买卖都是这样，可以通过牛马、布料、谷物等实物来交换。这种现象直到1821年开设了允许货币流通的市场才得到改善，这样看来，这个地区的经济是相当落后的。除此之外，这一地区的居民还要缴纳繁重的赋税，适龄的男青年还要服兵役和劳役。

基于这些问题，朝鲜北部的居民一直以来承受着巨大的生存压力。因此，为了改善自己的生活，寻求更好的生存空间，所以他们宁愿冒险，也要迁移到环境和条件更好的中国东北境内。1847 年，清宣宗(道光帝)统治时期，清廷派钦差官员柏俊和盛京将军一起勘察东边的封禁情况，发现现实情况是，这里零散居住和开垦现象依然存在，一旦有官兵查处，这些人就逃跑，官兵走后又回来。1857 年，清朝官员吴焯向朝廷提出申请，建议开垦黑龙江一部

---

① 黄有福. 女真语　满语研究[M]. 北京：新世界出版社，1990：24.

分地区的百万垧土地，得到批准。1860 年，清廷继续解除了现吉林省舒兰地区以北的几处封禁地带。[①] 1867 年 4 月，清朝户部侍郎额勒和布建议朝廷商议普通居民开垦被封禁土地事宜（《朱批奏折》第 61 包[②]）。1868 年，清廷官员再次申请拟定边界事务的八条章程，提出解禁东部地区的办法（《军机处录副折》第 369 卷[③]）。光绪年间，清廷按照《盛京东边间旷地开垦条例》的规定，全面解除了延边地区封禁地带，并在珲春设立了招垦局[④]，这标志着清廷正式开始解禁原来被封禁的东边地区。在清廷逐步解禁被封禁地区的时候，朝鲜国内的政治局势越来越动荡，这也促使了大量朝鲜人移居中国。1862 年 2 月到 6 月，朝鲜京畿道以南的庆尚道、全罗道、忠清道 3 个地区爆发了大规模的农民起义，人员伤亡和地区经济损失严重。1860 年 8 月，咸镜南道和北道地区发生大规模水灾，导致约 10 个地区完全被淹。[⑤] 清廷的解禁和朝鲜内部的混乱局面致使这一时期大批朝鲜人为生存而迁移到中国东北地区，《延吉边务报告》中记载图们江、吉林、珲春等地，出现了一斗米交换朝鲜人一男一女的现象，许多朝鲜人的小孩成了中国人的养子。19 世纪 70 年代，朝鲜人分散居住在鸭绿江以北的浑江流域，粗略统计户数达 1191 户。[⑥] 到了 20 世纪初期，这个地区随处都可以看到身穿朝鲜族传统白衣，头戴帽子的朝鲜人出现在他们的房屋以及在山谷里耕种的情景。[⑦]

延边大学历史学教授孙春日在《中国朝鲜族移民史》中，将 19 世纪后期鸭绿江流域的朝鲜移民按三个分区来介绍。[⑧] 第一个区域是鸭绿江中游腹地，位于鸭绿江和浑江交汇处，以浑江下游永甸河口为起点，一路到上游的临江县头道沟、宽甸县、临江县、集安县大部分地区。19 世纪初期，朝鲜移民

① 华文书局. 清文宗实录[M]. 台北：华文书局，1982：2-7.

② 邢永福，师力武主编. 清宫热河档案 17 同治四年起光绪三十四年止[M]. 北京：中国档案出版社，2003：108-110.

③ 邢永福，师力武主编. 清宫热河档案 17 同治四年起光绪三十四年止[M]. 北京：中国档案出版社，2003：108-110.

④ 延边朝鲜族史编写组. 延边朝鲜族史[M]. 延吉：延边人民出版社，2010：26.

⑤ 梁文科. 日省录[M]. 哲宗庚申年九月九日条和十日条，上海：世界书局，民国 28 年（1939）：115.

⑥ 崔宗范. 江北日记[M]. 城南：韩国精神文化研究院，1994：67-77.

⑦ 日本外务省. 日本侵略韩国史料丛书[M]. 韩国出版院，1988：151.

⑧ 孙春日. 中国朝鲜族移民史[M]. 北京：中华书局，2009：120.

16 000多人前往这里定居。第二个区域是浑河流域，这里包括怀仁和通化部分地区。这里居住的朝鲜人约有6 000人。第三个地区是鸭绿江上游流域，具体位于临江县头道沟地区，对应现在的延吉市帽儿山附近，居住人数约有5 400人。这样算起来的话，在鸭绿江流域中国境内，19世纪后期就有将近3万朝鲜人，再加上图们江流域未统计的朝鲜人，由此可见，清廷在改善封禁政策后，朝鲜人大批从朝鲜半岛迁移到中国境内。

（二）日本帝国主义殖民扩张时期的朝鲜族迁入

为了持续在中国扩张势力，日本外相小村寿太郎于1910年3月提出，计划用20年时间向中国东北移民20万日本人。此外，日本又提出"奖励朝鲜人移民中国东北"的恶劣计划。① 据《日本帝国主义的朝鲜支配》②统计，1911年至1920年的近10年期间，朝鲜人向海外移民约40万人，其中移入中国东北境内的移民大概为22万人，迁移到日本的朝鲜移民大概14万人。这期间迁入中国东北的原因主要是日本占领朝鲜后，朝鲜人民为了抵抗日本统治，以及寻找更好的生存空间，所以选择继续向中国东北地区迁移。1928年7月，张学良正式接受了国民政府的管理，居住在这里的朝鲜人为了加入中国国籍，成立了韩侨同乡会。③ 1929年，干事长崔东昕两次前往南京，与国民政府交涉朝鲜人入籍问题。④ 1929年4月，根据《东三省归化韩族代表团呈国民政府文》记载，当时东北地区居住朝鲜人已经达到130万人。其中，黑龙江10万人，入籍者约5千人；吉林70万人，入籍者约10万人；辽宁50万人，入籍者约1万人。⑤ 1937年，全面抗日战争爆发。1938年7月22日，"伪满洲国"创建了专门管理朝鲜移民的组织"开拓民事务处理委员会"。拟定了关于朝鲜开拓民的12项决议《鲜农采用纲要》⑥。1939年12月22日，日本政府协同其傀儡政权伪满洲国政府，共同发布了《满洲开拓政策基本纲要》（以下简称《纲

① 林明德. 日俄战争后日本势力在东北的扩张[J]. "中研院"近代史研究所集刊，1992（21）：515.
② [韩]朴庆植. 日本帝国主义的朝鲜支配[M]. 东京：青木书店，1973：92.
③ [韩]金俊烨，金昌顺. 韩国共产主义运动史[M]. 清溪研究所，1986：87.
④ 大阪经济法科大学间岛史料研究会. 在间岛日本总领事馆文书：上册[M]. 2006：410.
⑤ 杨昭全，李铁环. 东北地区朝鲜人革命斗争资料汇编[M]. 沈阳：辽宁民族出版社，1992：94.
⑥ "满洲国"通讯社. 满洲开拓年鉴[M]. "满洲国"通讯社，1941：292.

要》）①。日本政府在《纲要》中再次明确对朝鲜移民的基本要求，规定朝鲜移民不仅要着眼于经济发展，还要成为日本帝国主义"建设东亚新秩序"的基石，并把朝鲜移民改称为"朝鲜开拓民"。② 这份《纲要》也成了当时日本指导朝鲜移民的根本方针。③ 根据日本政府和伪满洲国发布的多项文件，从 1937 年开始，朝鲜总督府拟定计划，预期用 15 年时间向中国东北地区分批输送 75 万朝鲜移民④，并分为集合、集团、分散三种移民形式。1937 年—1939 年，通过移民规模最大的集团移民到中国东北地区的朝鲜人共计 50 508 人。⑤ 但是，随着战争波及面越来越大，日本在第二次世界大战中的局面越来越紧张，直到 1945 年日本战败，这项预期用 15 年移民近百万人的计划最终化为了泡影。

(三) 共产党领导的解放区朝鲜移民

在抗日战争和解放战争时期，朝鲜革命工作者先后组建了朝鲜义勇军和朝鲜人民民主团体。朝鲜义勇军前身是华北地区军民共同抗日时，由朝鲜人组成的一股武装力量。1942 年 7 月，在太行山区召开了第二次华北朝鲜青年联合会全体大会，会议决定将原"华北朝鲜青年联合会"改编为"华北朝鲜独立同盟"，"朝鲜军民义勇队"改编为"华北朝鲜义勇军"，大会颁布了《华北朝鲜独立同盟纲领》。⑥ 1945 年 8 月 11 日，朝鲜义勇军收到了中国共产党领导的国民革命军第十八集团军(前身为"八路军")总司令朱德颁布的命令，命令华北地区各部对日本作战的朝鲜义勇军司令武亭、副司令朴孝三、朴一禹立即率部与第十八集团军(八路军)及原东北军各部向东北进军，消灭敌军和伪军。领导在东北地区的朝鲜人民共同加入解放斗争中，推动达成解放朝鲜的使命。⑦ 同年 11 月，朝鲜义勇军司令员武亭在全军大会上号召全军将士深入东北各个地区，广泛与东北的朝鲜人民开展密切联系，进而扩编队伍。⑧ 到后

① ［日］喜多一雄. 满洲开拓论［M］. 东京：明文堂，1944：252.

② 朝鲜总督府. 帝国议会说明资料［M］. 东京：不二出版，1994：174.

③ 孙春日. 解放前东北朝鲜族土地关系史研究［M］. 长春：吉林人民出版社，2001：410.

④ 满洲移民关系资料集成［M］. 东京：不二出版，1991：208-209.

⑤ 满洲移民关系资料集成［M］. 东京：不二出版，1991：208-209.

⑥ 崔海岩. 朝鲜义勇军第一支队伍(朝)［M］. 沈阳：辽宁民族出版社，1992：12.

⑦ 朱德元帅丰碑永存——中国人民革命军事博物馆陈列文献资料选［M］. 上海：上海人民出版社，1986：254.

⑧ 政协延边朝鲜族自治州文史资料委员会. 解放初期延边［M］. 沈阳：辽宁民族出版社，1999：27.

来，朝鲜义勇军分为三支队伍留在中国东北地区，其中有一部分干部是第三支队伍留下来负责对吉林省地区的朝鲜人民开展工作的，按照1945年沈阳会议的指示，朝鲜义勇军进入东北地区后，积极宣传共产党的民族政策，广泛联系东北地区的朝鲜人，建立了包含很多朝鲜人的民主团体。其中规模较大的是三个民主团体。

（1）东北朝鲜人民民主联盟辽宁省工作委员会。原朝鲜独立同盟金科奉主席和70多名干部返回朝鲜，1946年11月10日，留在中国的成员在沈阳市成立了朝鲜独立同盟南满工作委员会，由方虎山担任领导人。这个组织的宗旨是听从中国共产党的领导，推翻国民党反动统治，建立人民共和国。① 南满委员会在通化召开会议，会议将原名称改为东北朝鲜人民民主联盟辽宁省工作委员会。

（2）北满地区朝鲜人民主联盟。黑龙江省北满地区原有朝鲜团体组织主要包括：朝鲜民族解放同盟、朝鲜独立同盟北满特别委员会、朝鲜人民主联盟和朝鲜人民主同盟。② 1946年9月11日至14日，朝鲜义勇军第三支队司令部全体成员在哈尔滨汇合，召开了北满地区朝鲜人民主联盟第三次委员会会议。会议决定把北满地区各个朝鲜人民主团体重新整编，建立新的"北满地区朝鲜人民主联盟"。③

（3）延边人民民主大同盟。1945年9月，在延边地区龙井、延吉、朝阳川等地的20多名代表齐聚龙井召开会议，会议选举并产生了农、劳、青组织筹备委员会。延边地区各个团体的会员达到3万多人，工人占25%、农民占45%、青年占30%。会议产生了延边地区劳、农、青总同盟执委会，统一领导延边地区各界群众。④ 1945年10月26日，总同盟执委会决定把延边地区劳、农、青总同盟重新改编为"延边人民民主大同盟"。以延吉为总部，设立龙井、珲春、汪清、安图等支部，成员多达14.5万人，其中朝鲜人有13.7万人。⑤

通过对这一时期的朝鲜人在中国东北活动情况的梳理得知，中国共产党开辟的解放区是以团结接纳朝鲜人为主，和中国人民一起为了取得抗战胜利，

① 崔强，张礼新. 南满地区东北朝鲜人民主联盟[M]. 北京：民族出版社，1992：166.

② 徐基述. 黑龙江朝鲜民族[M]. 牡丹江：黑龙江朝鲜民族出版社，1988：102.

③ 赵京炯，徐明勋. 朝鲜义勇军三支队[M]. 北京：民族出版社，1992：134.

④ 姜东柱. 从"八·一五"到十一月间的延边工作[G]. 中共延边吉敦地委延边专署重要文件汇编，1985：4.

⑤ 韩俊. 解放战争时期的东满根据地[M]. 延吉：延边人民出版社，1991：416.

争取民主权利而战斗。同时又协调各分散的朝鲜民主团体，使分散的力量得到集中，在对敌斗争和民主建设中发挥更大的作用。

二、中国共产党民族团结政策下的朝鲜族认定

1927 年 10 月，中国共产党在哈尔滨成立了"中国共产党满洲省临时委员会"，自那时起移居东北的朝鲜人就陆续被认定为是中国少数民族的组成部分。并且在共产党的领导下，积极开展争取土地权和民主权的斗争。在土地权方面，中国共产党满洲临时委员会于 1927 年 12 月 1 日召开第一届全体党员会议，讨论通过了《我们在满洲的纲领》。其中，第 7 条对东北境内朝鲜人的社会地位进行了明确阐述："中、日、韩、俄人民享有同等待遇。"同年 12 月 24 日公布了《中共满洲省临委关于目前工作计划决议案》，记载了从我国山东省、直隶，以及朝鲜半岛移民的难民与当地的雇农、佃农、自耕农等一致享有土地所有权。1928 年 4 月 15 日，中国共产党满洲省临时委员会公布《满洲的朝鲜农民问题》，提出居住在满洲里的朝鲜农民可以和中国农民同等享受土地所有权和居住权等待遇。[①] 在民主权方面，中共满洲省临时委员会于 1927 年 12 月发表了《中共满洲省临委关于目前工作计划决议案》，认定贫农除了包含我国山东省、直隶的难民外，还包括朝鲜的难民；革命战争主要的任务是对抗日本侵略者，参加暴动与革命战争的必是中国的工农和朝鲜农民。于 1928 年 2 月 12 日发布的《中共吉长县委新决议案》指出："朝鲜农民受到了国民政府官厅和日本帝国主义的双重欺压，他们和中国农民遭受了相同的压迫。为此，中国农民与朝鲜农民应发展良好的关系。"[②]1928 年 7 月，中国共产党召开第六次全国代表大会，首次将东北地区朝鲜人正式纳入为中国境内少数民族成员，大会决议案认定，中国境内含北部之蒙古、回族，满洲之高丽人，福建之台湾人以及南部苗、黎等原始民族，新疆和西藏等地区的少数民族，对于革命事业具有重大贡献和历史意义，因此"特委托中央委员会于第七次大

---

① 中央档案馆，辽宁省档案馆，吉林省档案馆. 东北地区革命历史文件汇编：满洲通讯 [G].1988.
② 中共吉林省委党史研究室著. 中国共产党吉林历史 1921—1949 第 1 卷 [M]. 北京：中共党史出版社，2021：30-35.

会之前，准备中国少数民族的材料，以便第七次全代会期间列入议程并加入党纲①。依托中国共产党第六次全国代表大会通过的重要决定。抗日战争胜利以后，中国共产党进一步明确了东北地区朝鲜族属中国少数民族成员。1948年8月，延边地区委员会再次提出："我党和政府批准延边朝民族人民为中国境内少数民族，这个政策是正确的。"②

在处理朝鲜人入籍的问题上，中国共产党给予了朝鲜群众极大的自主权，让其有充足的时间去选择国籍，极大地尊重了他们的民族感情。1948年8月，中共延边地区委员会通过《延边地委关于延边民族问题》，明确区分了公民和侨民：将已拥有户籍的居住在延边的朝鲜人，划为公民；无户籍的临时往来的朝鲜人划为侨民；家属在朝鲜，而监护人和财产在延边的谋生者，经政府批准，可认定为公民。1950年12月6日，《人民日报》刊发文章《中国东北境内的朝鲜民族》，其中提到120万移居东北的朝鲜人民，在中国共产党的领导下和人民政府民族政策的正确执行下，从开拓民、侨民的客籍地位转变为地区发展建设的主人。他们和中华民族大家庭的其他人民，平等参加了新中国成立后的政治、经济、文化等各项事业的建设。随着解放战争逐渐推进，各地区的朝鲜族人建立了各级地方组织。在朝鲜族、汉族人民混居的地区，朝鲜族按人口比例陆续加入地方各项事务的工作中。1949年9月，中国人民政治协商会议召开，作为10名少数民族代表之一的延边地区委员会书记朝鲜族人朱德海出席了此次会议。此举代表着东北地区的朝鲜人以中国少数民族的身份和各兄弟民族齐聚一堂，历史上定义此次会议为中国东北朝鲜人真正意义上成为中华人民共和国公民的标志。③ 1952年9月3日，延吉市举行延边朝鲜民族自治区成立大会④，中国最大的朝鲜族自治地区正式诞生。

①　中共中央统战部. 中国共产党第六次全国代表大会关于民族问题的决议案[R]. 北京：中共中央党校出版社，1991：87.
②　延边朝鲜族自治州档案馆. 中共延边吉敦地委延边专署重要文件汇编[G]. 1985：392.
③　周保中. 延边朝鲜民族问题——中共延边吉敦地委延边专署重要文件汇编[G]. 延吉：延边朝鲜族自治州档案馆，1985：56.
④　黄润浩. 东北地区朝鲜共产主义者的"双重使命"研究[D]. 延吉：延边大学，2012.

三、延边朝鲜族自治州经贸与文化对外交流基本背景

在与朝鲜交流方面。延边朝鲜族自治州于 1954 年 8 月向中央政府申请与朝鲜边境地区开展贸易往来，以满足当地居民对海产品的需求。同年 10 月 19 日，中国食品公司吉林省延边分公司与朝鲜贸易公司签订了《物资交换合同书》，指定中国图们、沙头子、开山屯等三个地区和朝鲜南阳、会宁、京元及茂山等四个地区作为两国物资交换所。1984 年，国家制定了《边境小额贸易暂行管理办法》（现已废止），将边境贸易分为边境小额贸易和边民互市贸易两大类，此后边境贸易得到了迅速发展。另外，根据朝鲜的要求，两国于 1988 年 6 月就扩大边境贸易达成协议，将两国的边境通商口岸，中国从 3 个增加到 13 个，朝鲜从 3 个增加到 6 个。中国在 1991 年将交易结算货币改为美元后，边境贸易大幅减少，但 1992 年 11 月实行的"放宽边境贸易管理"措施大幅放宽了进口限制。另外，中国在 1996 年发布了《国务院关于边境贸易的通知》，在公布边境贸易优惠政策的同时，恢复了 1992 年废除的对朝鲜友好价格制度。在此基础上，1998 年又出台了《关于进一步发展边境贸易补充规定的通知》，完善了边境贸易相关制度，并于 2000 年出台了新的优惠政策，实行至今。在 1991 年联合国开发计划署（UNDP）正式发表《图们江地区开发计划（TRADP）》后，中国、俄罗斯、朝鲜三国也颁布了各自的相关政策，图们江地区开发正式开始。另外，中国、俄罗斯、朝鲜、韩国、蒙古五国于 1995 年 12 月签署了《关于成立图们江地区经济开发及东北亚开发协商委员会的协定》，中国、朝鲜、俄罗斯三国表示"各国家自主开发模式"转变为"各国自主开发与国际协调并行"的模式。

在与韩国交往方面。2014 年，进驻延边的韩国企业多达 397 家，总投资额约为 8 亿 3 734 万美元，遥遥领先于排在第二位的日本，日本当时进入延边的企业为 49 家，总投资额 4 303 万美元。但是，韩国企业的平均投资规模较小。据报道，在中国经济增速较缓的 2013 年至 2015 年期间，韩国部分企业撤出中国。尽管如此，韩国的食品企业农心在长白山麓建立矿泉水工厂并在中国销售。韩国最大的钢铁公司 POSCO 和现代集团共同建立的物流公司在珲春推进大型物流园区的建设计划等，韩国的大企业也开始进军珲春。2015 年

夏天，"珲春—扎鲁比诺—釜山"的货船航线恢复运营。现在韩国各主要城市到延吉的航班每天都有往来，首尔到延吉的航班即使增加了航班次，也是一票难求。通过人员往来、网络的传播，韩国社会新闻及文化动态在延吉当天就能反映出来。延吉有无数的韩国商品专卖店，从生活方式到时尚饮食，韩国文化在延边地区的传播相当普遍。此外，受朝鲜东北抑扬顿挫语调和汉语语言影响的"延边朝鲜语"逐渐在世界范围内成为具有独特性的朝鲜族语言风格。延边地区散发着浓厚的朝鲜半岛文化气息，同时又保持着固守朝鲜族独特文化意识的社会背景，可以说是一个能让人强烈感受到与中国其他地区完全不同面貌的区域。

与日本方面的往来。1985 年，随着中国改革开放政策的稳步推进，早稻田大学研究朝鲜文学的大村益夫教授在延边大学展开为期一年的访问交流，将延边自治州的社会信息和文化表现传播到日本。大村教授在延边龙井郊外发现了日本侵华战争末期死于日本的朝鲜民族诗人尹东柱的墓地，并将墓地的存在告诉了韩国和日本的研究者。如今，尹东柱长眠的墓地已成为来到延边的韩国游客的必去之处。20 世纪 80 年代末期，延边大学开始有日本留学生来学习。随着中国市场经济和"环日本海经济圈"概念的宣传，20 世纪 90 年代中期，一些日本企业开始关注延边。进入 21 世纪以后，由于延边朝鲜族自治州大力开发基础设施建设和吸引外资，在延边设立分公司和工厂的日本企业逐渐增加。同时，中国朝鲜族民众移居日本的现象也随之出现。从 20 世纪 80 年代开始，有少数朝鲜族学生作为中国公费留学生前往日本求学。之后，自费留学生和 IT 技术人员等高学历朝鲜族人才开始在日本谋生。不少在日朝鲜族民众已经成为日本大型企业的职员或从事 IT 业务的经营者，甚至包括大学教师等专门职业。

与俄罗斯方面交往。从 1999 年 6 月开始，两地友好交往开始由民间发展为政府主导。2002 年双方签署《缔结友好交往及经贸合作关系备忘录》，2006 年双方签署《建立友好交往和经贸合作机制协议书》和《建立定期会晤机制协议书》。随着《中国图们江区域合作开发规划纲要》全面启动，延边朝鲜族自治州作为中国沿边开发开放的先行区域、图们江区域重要的经济增长极，"前沿"和"窗口"的作用日益显现。2010 年，中国人民对外友好协会正式批准延边朝鲜族自治州与俄罗斯符拉迪沃斯托克市(海参崴)建立友好城市关系。在 2010 年 5 月 8 日双方举行的签约仪式上，还签订了《加强经贸交流与合作协议书》和《延边朝鲜族自治州与符拉迪沃斯托克市(海参崴)旅游合作协议书》。① 时任延边州州长的李龙熙表示，近年来两地经贸往来和旅游合作成果喜人，2008 年延边经贸代表团赴符拉迪沃斯托克(海参崴)组织对俄企业对接会，签约总金额达 2 亿美元。符拉迪沃斯托克市(海参崴)政府、企业人员先后 2000 多人次赴延边地区参加各类经贸活动。"长珲欧"班列是吉林省继"长满欧"班列之后开通的第二条国际铁路联运大通道，促进吉林省形成对外贸易"双龙出海"新格局，也带动了珲春铁路口岸出口量增长。近年来，珲春铁路口岸先后开通了中俄"海洋班列""俄煤专列"等对俄特色班列业务，促进了吉林省对俄贸易实现稳步增长。2021 年，吉林省对俄罗斯贸易进出口总值 104.4 亿元人民币，同比增长 80.6%，进出口首次突破 100 亿元，创历史新高。在珲春跨境电商监管中心，生活用品、服装、3C 电子产品等，大大小小装载着中国商品的包裹陆续通过传送带，即将被运送至俄罗斯莫斯科、圣彼得堡、符拉迪沃斯托克(海参崴)等地。②

第二节　中国朝鲜族文化表现

一、中国朝鲜族传统文化的表现形式

中国朝鲜族因其跨境民族背景而具有同源性。主要表现在中国朝鲜族与朝鲜半岛人民曾经具有的共同历史特征，包括共同的历史命运、政治历史、经济生活等。中国东北朝鲜族人与朝鲜半岛的人们拥有共同的民族文化源头，具有共同的语言、民俗、民族意识和民族认同。③ 虽然中国朝鲜族依然保持着

---

① 中国延边朝鲜族自治州与俄罗斯符拉迪沃斯托克建立友好城市[N/OL]. 新华网(2011-05-22)[2022-07-06]，http：//news. enorth. com. cn/system/2011/05/22/006596150. shtml.

② 吉林省对俄贸易多点开花，2021 年贸易额首次破百亿元[N/OL]. 吉林新闻联播(2022-02-17)[2022-07-06]，http：//yanbian. gov. cn/zw/ybyw/202202/t20220217_ 373952. html.

③ 侯典芹. 从地缘政治视角看中国朝鲜族跨界民族的形成[J]. 云南民族大学学报(哲学社会科学版)，2013，30(04)：20-26.

传统的朝鲜民族民俗特征，但是，迁移到中国东北地区以后，朝鲜族文化与汉族文化相融合，随之在文化特征上发生了一些变化，中国朝鲜族独特的文化表现逐渐形成。朝鲜半岛从李氏王朝开始，人们就习惯性地将朝鲜半岛分为南北，例如：咸镜南道、北道；平安北道、南道；忠清北道、南道；全罗北道、南道；庆尚北道、南道。大量移民从朝鲜半岛迁入中国东北地区，其主要是朝鲜半岛北部的社会底层劳动者们，人数规模最大的迁出地是朝鲜北部咸镜南、北道和平安南、北道，还有来自庆尚南、北道，黄海道，京畿道等地区的部分移民。将迁入民在朝鲜半岛的主要来源地加以明确，可以更准确地对朝鲜半岛移民原有的传统文化风俗开展研究。

第一，在饮食文化方面，朝鲜族饮食料理文化历史悠久。早在18世纪，有关朝鲜族的文献中已有关于将打糕称为"引绝饼"的记载。如今，每逢传统节日或婚丧仪式活动，朝鲜族传统美食均会以摆盘的形式呈现在众人面前。庆尚道和咸镜道习惯进食辛辣食物。所以，偏辣一点的狗肉酱汤、冷面、辣白菜就是这些地区人们最喜爱的传统食物。朝鲜族大多数人爱吃狗肉，在民间流行"伏天狗肉赛人参"的说法，所以狗肉大酱汤在朝鲜族人中又叫"补身汤"，但在节日、庆典及祭祀活动中是绝对不允许进食狗肉的，这不仅是一种习俗，更是朝鲜族礼节。① 朝鲜族人不仅在炎炎夏日爱吃冷面，而且在寒冬腊月里也经常进食冷面，尤其是每年农历正月初四中午，全家围坐一圈吃冷面是朝鲜族的习俗。据民间传说，这一天吃面条可以"长命百岁"，故冷面也被称作"长寿面"②。辣白菜又叫泡菜。在物质并不丰富的年代里，辣白菜是朝鲜族人冬季主要的食物，由此就有了"泡菜半年粮"的说法。③ 每到冬季，人们利用秋收储藏的大白菜制作辣白菜。无论在农村还是城镇，每个家庭都会制作少则几百斤、多则上千斤的辣白菜，因为要持续吃到第二年的春天。④ 在饮食习惯方面，古老的朝鲜饮食习惯中，不同辈分、不同性别是不可以同桌

---

① 郭培耘. 在延边吃狗肉——"美味的朝鲜族饮食"之二［EB/OL］.（2014－07－17）［2022－07－07］. http：//www. 360doc. com/content/14/0717/10/1455557_ 394969215. shtml.

② 《中式烹调师》编写组编. 中式烹调师 初·中·高级［M］. 北京：中国劳动出版社 1995：169

③ 延边朝鲜族史编写组. 延边朝鲜族史［M］. 延吉：延边人民出版社，2010：79.

④ 长白朝鲜族自治县人民政府. 朝鲜族饮食概述［EB/OL］.（2022－11－01）［2023－08－23］. http：//100022. mzzyk. cn/mzwhzyk/674771/682311/682318/807020/index. html.

进餐的。一个家庭，爷爷受到特殊待遇，使用单独的饭桌用餐，一家之主（一般指妻子的丈夫和孩子的父亲）也要单独使用一个餐桌。妇女和孩子一般不用桌子，而是围坐在炕上，或者席地而坐。

第二，在服饰文化方面。从上古时代开始，朝鲜民族的着装就以白色为主，而这也是受到了来自汉族的文化的影响。① 儒家经典《礼记》写道："君臣、上下、父子、兄弟、非礼不定。"其中的"礼"，就是强调尊卑长幼之间的等级区别，所以，在古代中国，在人们的意识里，只能穿着材质粗糙素白色衣服的大多数是普通劳动者，贵族和统治阶层人群穿着具有多种颜色的丝绸衣服。朝鲜半岛的传统服装基本沿袭了我国中原汉族的服装文化，传统汉服分为：袍服制、衣裳制、襦裙制、深衣制、襦袴制。朝鲜半岛则沿袭了襦袴制，即短上衣搭配分腿的裤装。而上衣的着装方式，在我国古代分为"左衽"和"右衽"两种，汉民族一般采用衣襟在前，向右扣系，称为右衽，而东北地区少数民族习惯前衣襟向左扣系，称为左衽，朝鲜半岛在朝鲜三国时代以前传承的是左衽穿法，随着中原文化向朝鲜半岛逐渐渗透，渐渐开始改为右衽穿着。②

第三，在建筑文化方面。通过史料和田野调查我们了解到，和大多数农耕时代的建筑一样，朝鲜族的传统住宅最早也是草房、土房或者砖瓦房。朝鲜族房屋的建筑风格从三个方面体现出来。首先，外部格局。外部格局主要有"一"型、"二"型、"┑"型、"□"型、"Ⅱ"型。其次，内部结构。内部结构分为"单筒子型"和"双筒子型"。"单筒子型"是房屋内房间的排列如"目"字，房间与房间之间只有横向墙壁，没有纵向墙壁。"双筒子型"是屋内的房间排列像"用"字，房间之间既有横向的墙壁又有纵向墙壁。最后，屋顶形状。朝鲜族传统房屋的显著特点是"四面坡、白灰墙"。屋顶主要有庑殿式、悬山式、歇山式，其中歇山式是朝鲜族民众普遍喜欢的。在延边朝鲜族自治州的乡村地区，房屋建筑以歇山式最常见。③ 咸镜道迁入的朝鲜族人的住宅，人的居室和牛的牧舍（牛棚）是连在一起的。住房结构多数是汉字"目"型或者汉字"用"

---

① 贾钟寿. 韩国传统文论[M]. 冈山：学术教育图书出版社，138-141.
② 竺小恩，葛晓弘著. 中国与东北亚服饰文化交流研究[M]. 杭州：浙江大学出版社，2015：82.
③ 刘烨瞳. 延边朝鲜族自治州乡村振兴与边境民族村寨建设研究[D]. 延边：延边大学，2022.

型。庆尚道和平安道迁入的朝鲜族人的住宅，人的居室和牛的牧舍(牛棚)是分开的。住房结构多数是汉字"目"型或者汉字"用"型。①

第四，在礼仪文化方面，朝鲜族人的婚礼主要由四个部分组成。第一步，定亲。青年男女经过自由恋爱或者媒人介绍交往一段时间以后，由男方父母或长辈带领男方，携带礼物到女方家提出结婚请求，如果女方本人以及女方父母同意，男方就会当场给女方父母磕头跪谢。第二步，会亲家。男方的父母或长辈再一次准备礼物到女方家，和女方的家族聚餐，表示女方已经有未婚夫，并且即将结婚。双方家庭一起商定具体结婚日期和婚礼举办的地点。第三步，迎娶。到了婚礼举办的当天，新郎将前往新娘家迎娶新娘。在过去没有汽车的条件下，基本都是以人抬的轿子或者骑马的方式迎娶新娘。第四步，归宁。婚礼后的第二天，新娘和新郎会带着礼物回到娘家拜访女方父母。首先，对于结婚仪式。咸镜道迁入的朝鲜族人的结婚方式是：结婚仪式当天，新郎把新娘迎娶到家中。庆尚道和平安道迁入的朝鲜族人的结婚方式是新郎在新娘家里举行结婚仪式，并且在新娘家入住两天，第三天再将新娘带回自己家中。其次，对于结婚的赠礼，咸镜道迁入的朝鲜族人一般在结婚当天将礼物赠送给新娘家，而庆尚道和平安道迁入的朝鲜族人一般要在结婚仪式前半个月将礼物送出。② 最后，是关于结婚的禁忌。第一，同姓不婚。朝鲜族人意识中的"同姓"有两种情况，一种是"同姓同本"，一种是"同姓异本"。"本"的意思是指祖先的籍贯。在过去，只要是同姓同本，一律禁止结婚。现在如果同姓异本的情况有的家庭可以接受。第二，家有丧事，禁止结婚。如果男女两方有一方家有丧事的话，那么一年内不能举办婚礼。第三，举办婚礼时，忌讳由不能生育、离过婚或其他"不吉利的人"担任主要来宾或者伴郎、伴娘，忌讳这样的人参与缝制给新婚夫妇使用的被褥。③

第五，在民俗丧葬文化。延边地区从咸镜道迁入的朝鲜族人的坟墓共有两个祭坛，一个设在坟墓下端，称作墓祭祭坛，用来祭祀亡灵。另一个设在坟墓东侧，称作后土祭坛，用来祭祀土地神(也称"山神")，庆尚道和平安道

---

① 陆元鼎编.中国民居建筑下[M].广州：华南理工大学出版社，2003：734-753.

② 千寿山.中国朝鲜族风俗类型及其区域分布[J].延边大学学报：社会科学版，1994(4)：8.

③ [日]七野帆乃美.延边朝鲜族婚礼仪式变迁研究[D].延边：延边大学，2022.

迁入的朝鲜族人，不修后土，在坟墓东侧指定一棵树或一块扁石作为祭祀山神的场所。关于朝鲜族人的丧葬禁忌：首先，在举行葬礼期间禁止穿着华丽的服装，禁止喝酒吃鱼肉。在很多年以前，出殡前参与葬礼的家人们只能喝粥，不准生火做饭，但是现在这个习惯已经被打破了。其次，举办丧事期间，家人只能和房屋前面和两侧的邻居来往交谈，不能和居住在后侧的邻居来往。再次，客死者的遗体不能被抬进屋内，要在屋子外面装入棺材直接埋葬。最后，未出嫁的女儿去世以后，不能和父母安葬在同一个墓地里。①

第六，在节庆文化方面。朝鲜族的旧历与中国传统的农历历法是相同的。因此，朝鲜族的很多传统节日，与中国的传统节日日期一样。最有代表性的是以下几个节日：春节，是朝鲜族最重视也是最隆重的节日。每年朝鲜族农历十二月最后一个晚上开始，每个家庭都会将家族的成员聚在一起迎接新年的到来。寒食节，按照朝鲜族的习俗，寒食节的时间常常与汉族的清明节前后连接。寒食节也是朝鲜族人祭拜故去亲人的节日，一家人会在这一天带上鲜花、祭祀用的食品前往墓地，以对故去的先人进行祭奠。端午节，是朝鲜农历的五月初五。这一天朝鲜族人会在家里悬挂艾蒿。还会举行民族传统的活动，比如希日木、秋千和跳板。秋夕节，是每年朝鲜族农历的八月十五，这一天人们会带着自家做的食品去墓地对故去的先人进行祭拜。此外，在秋夕节也和端午节一样开展希日木、秋千和跳板等民族传统体育活动。根据天气情况，还会决定是否在晚间举行篝火晚会。

---

① 长白朝鲜族自治县人民政府. 朝鲜族殡葬习俗［EB/OL］. （2022－11－01）［2023－06－20］. http：//www. minzunet. cn/mzwhzyk/674771/682366/682372/807055/index. html.

二、朝鲜族代表性传统体育项目

(一) 希日木 (摔跤)

目前尚未有明确的文字记录朝鲜族希日木的起源。1905 年在高句丽的首府之一丸都省 (现中国集安市通沟) 发现了可能建造于 4 世纪的角抵字冢,根据该墓地玄室右侧墙壁上发现的摔跤壁画,推测在中国三国时代初期朝鲜半岛已有一种叫希日木的竞技方式。[①]中国、日本、韩国学者对朝鲜民族传统运动希日木的起源有一致的认识。3 个国家学者各自的研究表明,公元前 1 世纪至公元 7 世纪,高句丽王朝的主要活动区域位于中国境内的吉林省集安市一带。[②] 1889 年,从事石碑雕刻工作的北京人李云发现了墓室壁画[③],这些壁画中就包括了类似于中国古代角抵的内容。1935 年,日本人池内宏在该区域发现了刻画摔跤活动的古墓。经考察,完成古墓壁画的时间应在公元 3 世纪至公元 427 年之间。[④] 而这些壁画的内容也被后来研究朝鲜族希日木的学者普遍认为是关于希日木最早的记录。此外,在韩国建立的世界希日木协会官方网站上记载,中国吉林省集安市通沟角抵冢壁画描绘的是墓葬主人在进行希日木活动时的画面。但是,时至今日还没有充足的史料和证据来证明这一观点。所以,对于壁画中出现的人物的身份尚不能做出确定的判断。

研究人员依据考古学者的发现,将集安境内高句丽墓葬类型分为土坟类和石坟类两种。石坟类又分别归纳出五种形式,土坟类归纳出四种形式。其中记录了朝鲜族希日木源头的角抵冢和长川一号墓二者都属于土坟类的封土石室墓。土坟类的封土石室墓,用石材构造墓室,墓室建在地表,用石头和黄土混合建造,在墓室内部用白灰涂抹四壁,并绘制壁画。有的墓室不用白灰,直接在墙壁上绘画。墓的样式类似方锥形。考古人员根据墓室的结构和壁画的内容将封土石室墓分成了早期、中期、晚期。角抵冢位于集安市禹山下古墓区,建筑结构属于早期封土石室墓。墓室的壁画描绘了墓主人生前参

① Lee Mangi, Hong Yunpyou, Ssireum, Seoul: daewonsa pubilishing Co. Ltd, 2002. 07: 7.
② 李殿福. 集安高句丽墓研究[J]. 考古学报, 1980(02): 63-297.
③ 契海琴. 集安高句丽墓室壁画中的人物风俗图特征研究[D]. 延吉: 延边大学, 2008.
④ [日]田中嘉次. 好太王碑和集安的壁画古墓[M]. 読売 テレビ放送株式会社, 1989: 89.

加或者喜欢的各种生活场景，比如宴会、歌舞、摔跤、驾驶牛车和狩猎等等。墓室顶端是日月、星辰、飞鸟、怪兽、神仙等。①角抵冢最显著的一副壁画是在墓室南东侧右半边的角抵图，大幅的壁画描绘了一个力士和一个样貌好似西域地区民族的人，以类似希日木的姿势搂抱在一起的画面。此外，长川古墓在集安东北方向，距离集安市45公里，南侧是鸭绿江，三面被山包围，东西距离3公里，南北距离2公里，属于盆地。长川一号墓属中期封土石室墓，位于地势最高位，属长川古墓群规模最大的一座。长川一号墓前室北壁上半部刻画了歌舞、摔跤、乐士等场景。壁画展示了两个摔跤力士的身体姿态，互相搂抱在一起的动作和现在朝鲜族希日木比赛开始前双方互相准备发力的状态十分相似。表2.1总结了希日木在朝鲜半岛开展的分布情况。

表 2.1　希日木在朝鲜半岛开展的分布情况

地区	名称	种类	时间	参加者
京畿道	脚戏	左希日木	端午节、中元节	青年男子
忠清北道	脚戏	右希日木 腰带希日木	七夕、中元节	男子
忠清南道	脚戏	右希日木 腰带希日木	秋夕节	男子
全罗北道	脚戏	左希日木	秋夕节	男子
全罗南道	脚戏	左希日木	秋夕节	男子
庆尚北道	脚戏	右希日木	端午节、秋夕节	男子
庆尚南道	角力	右希日木	端午节、秋夕节	男子
黄海道	角力	希日木	端午节	男子
江源道	角力、脚戏	左希日木 右希日木	端午节、随时	男子
平安南道	脚戏	右希日木 腿带希日木	端午节	男子

---

① 李殿福. 集安高句丽墓研究[J]. 考古学报, 1980(02)：63-297.

续表

地区	名称	种类	时间	参加者
平安北道	脚戏	右希日木 腿带希日木	端午节	男子
咸镜南道	脚戏、角力	左希日木	端午节	男子
咸镜北道	脚戏、角力	腿带希日木	端午节	男子

资料来源：朝鲜总督府《朝鲜的乡土娱乐》①，寒川恒夫《相撲の人類学》②等文献析出

　　1936 年出版的《朝鲜的乡土娱乐》记载了朝鲜半岛民俗文化，通过对该书的梳理，端午节是朝鲜半岛举行希日木最集中的时间，日本学者内藤论政在昭和二年(1927)出版的著作《古蹟と風俗》(《古迹与风俗》)中，记录了朝鲜王朝(14 世纪—19 世纪)的民间风俗，在对端午节希日木的描述中，详细记载了希日木的形式：朝鲜的"角牴"是两个人相对蹲下，右腿用带子缠绕，右手抓住对手腰间的带子，左手抓对方右腿上的带子，然后二人同时站立起来，率先被摔倒的就输了。③ 从这段文字中的内容可以看出，这种摔跤形式，几乎和现在的希日木一样。

　　日本学者宇佐美隆宪在论文《中国朝鲜族希日木的构造——以规则和技术体系为中心》指出："目前能够确认的是中国朝鲜族希日木是在 1910 年以后以单独项目的形式出现的，每年朝鲜族农历五月初五(端午节)和八月十五日(秋夕节)，在室外举行希日木比赛。"④1921 年 7 月 16 日到 1939 年 1 月 1 日期间，《间岛新报》在延边地区发行。通过对其进行整理，将报纸中涉及希日木比赛的内容进行了统计(见表 2.2)。由于受到日本帝国主义的侵略，当时的希日木比赛要通过日本领事馆的警察与当地政府联合审批后，才可进行。⑤

---

① ［韩］朝鲜总督府. 朝鲜的乡土娱乐，首尔：景仁文化出版社，1979：88-89.
② ［日］寒川恒夫. 相撲の人類学［M］. 東京：大修館书店，1995：61-62.
③ ［日］内藤論政. 古蹟と風俗［M］. 朝鲜事业及び经济社，1926：195.
④ ［日］宇佐美隆宪. 中国朝鲜族の民族相撲(シルム) の構造—ルールと技術の体系を中心に［J］. 白山人類学，1993：175+458.
⑤ 金京春. 中国東北部間島地域の体育スポーツ活動に 関する研究体育スポーツの近現代［M］. 東京：不昧堂出版，2011.

表 2.2 1925 年—1937 年"间岛"地区朝鲜族希日木举行次数统计①

年份	1925	1926	1927	1928	1929	1930	1931
希日木	0	3	8	6	5	3	2
年份	1932	1933	1934	1935	1936	1937	总数
希日木	8	0	0	10	8	6	59

图 2.1 老年组的腿带希日木

资料来源：2012 年延边朝鲜族自治州中秋希日木大会，笔者拍摄

---

① 金京春. 中国東北部間島地域の体育スポーツ活動に 関する研究体育スポーツの近現代［M］.
東京：不昧堂出版，2011.

图 2.2　朝鲜族农耕场景

资料来源：2012 年延边朝鲜族自治州博物馆内，笔者拍摄。

延边朝鲜族自治州内每年也会举行规模不一的希日木活动，之所以表述为活动，是因为州内希日木不仅以赛事形式出现，还回归到了传统民族游戏的表现形式上。(见表 2.3)

表 2.3　历年延边州希日木赛事

序号	时间	场所	名称	名称
1	1917 年端午节	珲春县	希日木大会	希日木
2	1926 年 6 月 20 日	依兰沟	希日木大会	希日木
3	1928 年 6 月 8 日	和龙县	希日木大会	希日木
4	1930 年端午节	石建坪	希日木大会	希日木
		三道沟	希日木大会	
		大拉子	希日木大会	
		百草沟	希日木大会	
		八道沟	希日木大会	
		头道沟	希日木大会	
		二道沟	希日木大会	
5	1933 年端午节	石建坪	希日木大会	希日木

续表

序号	时间	场所	名称	名称
6	1935 年端午节	石建坪	希日木大会	希日木
7	1938 年端午节	珲春县	希日木大会	希日木
8	1940 年端午节	珲春县	希日木大会	希日木
9	1946 年 5 月 1 日	珲春县南门	珲春县运动会	希日木
10	1956 年 8 月	和龙县龙平村	希日木大会	希日木
11	1959 年 9 月 27 日	延吉市	全州庆祝建国十周年运动会	朝鲜族摔跤 中国式摔跤
12	1978 年 8 月	延吉市	庆祝建州二十六周年运动大会	朝鲜族摔跤
13	1979 年 8 月 12 日—26 日	延吉市	延边州摔跤大会	朝鲜族摔跤 中国式摔跤
14	1979 年 9 月 30 日—10 月 2 日	延吉市	延边州民族体育项目表演	希日木
15	1981 年 9 月 3 日	延吉市	庆祝建州二十九周年运动大会	朝鲜族摔跤
16	1981 年秋	安图县	安图县运动会	朝鲜族摔跤
17	1982 年 5 月 15 日—17 日	延吉市	吉林省少数民族传统体育项目选拔赛	朝鲜族摔跤 中国式摔跤
18	1982 年秋	延吉市	全州朝鲜族摔跤比赛	朝鲜族希日木
19	1983 年 7 月 26 日—28 日	延吉市	吉林省第一届朝鲜族运动会延边地区选拔赛	希日木
20	1983 年 8 月 31 日—9 月 6 日	延吉市	吉林省第一届朝鲜族运动会	朝鲜族摔跤
21	1984 年 5 月 21 日—22 日	图们市	延边州第一届中学生运动会	希日木

续表

序号	时间	场所	名称	名称
22	1984 年	不明	全州朝鲜族摔跤比赛	朝鲜族摔跤
23	1985 年 8 月	和龙县	延边州林业系统民俗传统运动会	希日木
24	1986 年 8 月 25—日 26 日	龙井县	延边州第一届中学生朝鲜族传统体育运动会	希日木
25	1987 年	不明	全州朝鲜族摔跤比赛	朝鲜族摔跤
26	1988 年 5 月 2 日—21 日	汪清县	延边州第十三届中小学校民族体育运动会	希日木
27	1988 年 9 月	延吉市	吉林省第二届朝鲜族运动会	朝鲜族摔跤
28	1989 年 8 月 3 日—4 日	朝阳川镇	延边州第四届中小学校朝鲜族传统体育运动会	希日木
29	1989 年 8 月 12 日—16 日	延吉市	全国朝鲜族摔跤邀请赛	朝鲜族摔跤
30	1989 年 10 月	延吉市	全州庆祝建国四十周年运动会	朝鲜族摔跤
31	1990 年 8 月 19 日	和龙县	和龙县西城镇运动会	朝鲜族摔跤
32	1992 年	延吉市	延边朝鲜族自治州成立四十周年纪念大会	朝鲜族摔跤
33	2000 年	延吉市	第一届韩国式摔跤竞技大会	韩国式摔跤

续表

序号	时间	场所	名称	名称
34	2001 年	汪清县	延边朝鲜族摔跤竞技大会	朝鲜族摔跤
35	2002 年 9 月 2 日	延吉市	中国朝鲜族民俗体育运动会	朝鲜族摔跤
36	2007 年 6 月 18 日—20 日	延吉市	第一届"长白山杯"中国朝鲜族摔跤大赛	朝鲜族摔跤
37	2011 年 9 月 10 日—12 日	延吉市	"延边之夜"中国朝鲜族秋夕民俗节	朝鲜族摔跤
38	2012 年 4 月 14 日	延吉市	第二届延边州中小学生朝鲜族摔跤比赛	朝鲜族摔跤
39	2012 年 6 月 23 日	延吉市	"国贸杯"中国朝鲜族	
40	2012 年 9 月 3 日—4 日	延吉市	庆祝延边州成立 60 周年"方将军杯"朝鲜族摔跤赛 国际朝鲜族摔跤表演大会	朝鲜族摔跤
41	2012 年 9 月 30 日	延吉市	秋夕节朝鲜族摔跤比赛	朝鲜族摔跤
42	2013 年 1 月 14 日	延吉市	阿里郎冰雪节——雪地朝鲜族摔跤表演	朝鲜族摔跤
43	2013 年 9 月 1 日—3 日	延吉市	延吉朝鲜族国际友谊赛 第一届"朱德海杯"朝鲜族摔跤赛	朝鲜族摔跤
44	2013 年 9 月 19 日	延吉市	秋夕节民俗节	朝鲜族摔跤

续表

序号	时间	场所	名称	名称
45	2014	延吉市	朝鲜族秋夕民俗节	
46	2014 年 9 月 14 日	敦化市	迎"十一"中国朝鲜族摔跤大会	
47	2014 年 8 月 15 日	延吉市	第二届"朱德海杯"中国朝鲜族摔跤比赛	
48	2015 年 6 月 20 日	延吉市	第三届"方将军杯"中国朝鲜族摔跤比赛	
49	2015 年 9 月 3 日	延吉市	第三届"朱德海杯"中国朝鲜族摔跤比赛	
50	2015 年 9 月 26 日	延吉市	迎中秋朝鲜族摔跤比赛	
51	2016 年 4 月 24 日	和龙市	朝鲜族摔跤表演	
52	2016 年 6 月 9 日	延吉市	第四届"方将军杯"中国朝鲜族传统摔跤	
53	2016 年 9 月 3 日	延吉市	可喜安第四届"朱德海杯"中国朝鲜族摔跤比赛	
54	2017 年 9 月 1 日	延吉市	中国朝鲜族摔跤大会	
55	2017 年 9 月 3 日	延吉市	第五届"朱德海杯"中国朝鲜族摔跤比赛	
56	2017 年 9 月 3 日	敦化市	第四届"首尔韩食杯"朝鲜族运动会	

续表

序号	时间	场所	名称	名称
57	2018 年 2 月 5 日	延吉市	全州迎新春朝鲜族摔跤比赛	
58	2018 年 6 月 18 日	延吉市	第六届方"将军杯"中国朝鲜族摔跤赛	
59	2018 年 8 月 5 日	图们市	第二届"百年部落杯"延边朝鲜族摔跤比赛	
60	2018 年 9 月 1 日	龙井市	首届中国农民丰收节系列活动："海兰江杯"朝鲜族摔跤国际邀请赛	
61	2018 年 9 月 3 日	延吉市	第六届"朱德海杯"中国朝鲜族摔跤赛	
62	2019 年 6 月 7 日	延吉市	2019 中国延吉朝鲜族端午民俗文化旅游节	
63	2019 年 8 月 8 日	图们市	第三届"九三"爱心摔跤	
64	2019 年 9 月 1 日	龙井市	第二届"海兰江杯"朝鲜族摔跤国际邀请赛	
65	2019 年 9 月 3 日	延吉市	第七届"朱德海杯"中国朝鲜族摔跤赛	

资料来源：金哲雲《中国朝鲜族シルムの変容に関する研究》①及延边州图书馆

关于"希日木"的汉语名称叫法，一种是"朝鲜族摔跤"，另一种是现在提到的"希日木"。"摔跤"是汉族对于民族式摔跤的叫法，"希日木"是根据朝鲜

---

① 金哲雲. 中国朝鲜族シルムの変容に関する研究[D]. 筑波：筑波大学体育研究科，1989.

族摔跤的朝鲜语言发音音译而来。在省级和国家级正式比赛的场合中，2009年以前的官方叫法是"朝鲜族摔跤"。2009年，吉林省第五届少数民族传统运动会正式将其更名为"希日木"。通过对延边朝鲜族自治州体育局相关人员进行访谈了解到，2005年希日木成功被设立为全国少数民族传统体育运动会的竞赛项目。在竞赛项目中，为了与其他民族摔跤名称有明确区分，突出朝鲜族的民族特点，所以决定将"朝鲜族摔跤"改为"希日木"。另一方面，在市州举行的希日木活动中，大部分仍然以朝鲜族摔跤命名，主要是因为在民族地区既可以使用朝鲜族文字又可以使用汉语表达，因此，不易产生歧义。回顾中国朝鲜族希日木的历史，新中国成立以前的希日木活动属于自发性的，休闲性和娱乐性色彩更为浓厚。新中国成立后的希日木开始以组织化和规模化方式推广，项目属性也从原来单一的民族内部休闲娱乐活动向多元文化形式进行发展和拓展。从文化变迁的角度出发，不仅丰富了少数民族文化的内涵，对繁荣中华民族优秀文化，推进跨文化传播发展也起到了促进作用。

(二)秋千和跳板

《荆楚岁时记》是目前我国最早的对于秋千起源有记载的文献。《荆楚岁时记》中《古今艺术图》提到秋千本为北方少数民族传统游戏，多出现在寒食节。后来被汉族在内的中国其他地区女性习得，并丰富其形式表现。《事物纪原》中提道："鞦韆本山戎之戏，自齐桓公北伐山戎，此戏始传中国。"[1]

民俗学家乌丙安从人类历史推进演变这一研究方面提出，秋千在古代的出现可能与古代人民的生活环境和生活技能有关系。刘玮等学者的论文《秋千源流及其与古代女子关系考释》中对秋千起源有两种推断。一种是秋千为"秋迁"，即人们为了生存不断迁徙而逐渐创造出来的活动；第二种是远古时代人们在取得高处的食物的过程中创造了荡秋千的方式，随后，由劳动生存技能转变成了游戏。[2] 这种角度推测是对秋千起源一种新的理解，但是并没有任何的书籍记载，也无其他壁画、石刻来证明，在《论秋千之戏在寒食习俗中之流变》中，李道合推测北方山戎在寒食节有秋千这种游戏活动，从另一角度解释

---

① 高承. 事物纪原[M]. 北京：中华书局，1989：432.
② 刘玮，李炜. 秋千源流及其与古代女子关系考释[J]. 兰台世界(上旬)，2013(08)：156-157.

是他们创造了秋千活动。

朝鲜族有关秋千最早的历史记载出现在《高丽史·列传·崔忠献传》："端午忠献设秋千戏于井洞宫，宴文武四品以上三日。"①这可以得出秋千当时在上层社会中很是流行。李氏朝鲜诗人成献写道："争揽影素如飞龙，金铃语半空。"可见15世纪时秋千就以碰触铃铛来作为比赛输赢的规则。朝鲜半岛人民迁移到中国后，依然保留了跳板、秋千、摔跤等传统体育活动。

1925年，朝鲜族群众在位于延边境内的龙井设立了"'间岛'体育会"，这是延边地区设立的首个民间体育组织。1930年端午节龙井的百草沟、八道沟等地为了庆祝都举办了秋千大会。在抗日战争时期，朝鲜族人民怀着对日本帝国主义的仇恨，举办摔跤、秋千等传统体育活动，在比赛场上表现出强大的民族抵抗精神。这些朝鲜族运动的蓬勃发展，有利于团结人民，更有利于增强人民战胜日本帝国主义的决心和信心。1946年，珲春举办了延边地区解放后的第一届运动会，秋千、跳板等朝鲜族特色体育项目也被列入其中。新中国成立后，国家积极推进政治、经济、文化等方面的社会主义建设，并在全国体育总会第一届代表大会上提出口号——"体育应当是民族的，科学的，大众的"。为了贯彻国家体育发展理念，朝鲜族秋千得到了推广与支持。1952年9月3日，延边朝鲜族自治区成立，此举为朝鲜族文化传承、民族体育项目发展等方面提供了制度保障和平台支撑，秋千等朝鲜族民族文化项目也再次遇到了发展新机遇。1972年到1973年初，原国家体委开始向体育总局建制转型，并行使体育管理职能。1975年，朝鲜族秋千在全国运动会上作为表演项目亮相，秋千的规则得到统一。传承了朝鲜半岛文化的秋千运动，又在中国传统文化的影响下，形成了具有中国特色的民族传统体育运动。

跳板的出现时间推测为朝鲜半岛的高丽时代，由于朝鲜半岛受儒家文化影响时间久远，因此，学界对于朝鲜族跳板的产生由来主要归纳为3点：一是被禁止出行的女性为了了解墙外的风景而利用跳板，之后逐渐具有了娱乐功能。二是通过跳板寄托对美好生活的向往，具有祈求平安、祈福的功能。三是来源于女子与狱中丈夫见面的民间故事。以前的跳板，又称"板舞戏""跳

---

① 延边大学民族研究所. 朝鲜族研究论丛(三)[M]. 延吉：延边人民出版社，1991：336.

板",是一种以踢毽子为特征的全身性体育活动,深受朝鲜族女性的喜爱。广泛流行于黑龙江、吉林、辽宁等朝鲜族聚居地。每年端午节、中秋节等节庆日都会举办跳板比赛,通过这种体育活动可以锻炼女性身体,增强体质。20世纪初的延边龙井,作为延边地区民族解放运动和体育运动的中心,许多知识分子组织率先在当地学校积极开展体育活动,推动了社会体育运动和社会跳板运动的发展。从1922年到1926年,随着学生社团"学友会"的诞生,社会上各种各样的青年团体、民间团体层出不穷,这些组织统筹着各地区的体育赛事活动,也使得体育运动从自发的形式向有组织的社会化体育运动转变①,这些组织的成立,意味着每年假日都有专门的社会组织负责跳板的竞赛活动,出现了日后跳板体育赛事的雏形。与秋千项目一样,在参加全国少数民族运动会的过程中,朝鲜族跳板逐渐从民族游戏和表演形式的娱乐活动转向具有竞技功能的体育赛事。新中国成立后的延边人民每年都举办规模较大的综合性体育赛事,在州、县、乡级体育赛事中,会向秋千、跳板冠军颁发一台缝纫机或同等价值的奖品。在1951年举办的吉林省运动会上,秋千首次被列入省运会表演项目。②

(三)弓箭

石镞是弓箭的雏形,朝鲜半岛全域存在史前时代打制、磨制的石镞。在朝鲜半岛三国时期前出现的部族如扶余、沃沮、濊貊、马韩、辰韩、弁韩等,都有广泛使用弓矢的痕迹。《三国志·魏书·夫馀》记载了朝鲜民族使用弓矢:"夫馀……以弓矢刀矛为兵,家家自有铠仗。"③角弓出现后,檀香弓作为木制弓依然持续传承。随着时间推移,檀香弓从单一材料逐渐发展为使用苎麻来加强弓柄的张力,从而提高了檀香弓的弹性。随着人类社会的不断进步,朝鲜民族从古朝鲜时期进入三国时代④。频繁的冲突和外来入侵促使当时社会崇尚武艺,特别重视武器的使用和开发。众所周知,在冷兵器时代的各种兵器中,弓箭很常用。《周书·异域上》记载:高句丽"兵器有铠甲、弩、弓箭、

---

① 金龙哲,朴京姬.中国延边体育运动史[M].延吉:延边大学出版社,1995:4-5.
② 政协延边朝鲜族自治州文史资料委员会.解放初期延边[M].沈阳:辽宁民族出版社,1999:27.
③ 陈寿.三国志[M].北京:中华书局,2011:702.
④ 朝鲜民族史上的三国时期是指新罗、百济、高句丽时代。

戟、稍、予、铤。"①证明了弓矢作为兵器在高句丽时代使用很普遍。此外，高句丽山上王时期，曾将优良弓箭的历史资料献给汉献帝刘协，这一行为是朝鲜族弓箭发展史上较为早期的跨文化传播现象，从另一个侧面充分说明，高句丽民族的弓矢具有优良的性能，是诸国武士将领青睐的上等兵器。朝鲜半岛历史上百济国的弓术也声名远播。史书记载，百济二十一代比流王（320年）时，在宫城西侧设立射台，每月的朔望举行射礼活动。② 在朝鲜新罗时期，新罗作为统一半岛的封建王朝，极其重视弓矢开发。

　　弓箭活动是朝鲜半岛与中国大陆地区跨文化交流活动记载较为频繁的体育项目之一。新罗文武王九年（669 年），唐朝聘请了新罗的弩师仇珍川等三人制作炮弩。朝鲜成宗十九年（1488 年），前往朝鲜的明朝使臣董越在《朝鲜赋》中记载了该地区崇尚使用桦皮弓的内容，桦皮弓便是如今朝鲜族使用的角弓。角弓与其他弓相比弓体比较短，力量更大。在社会不断发展变革的环境下，朝鲜民族秉承"锻炼身心，保家护国"宗旨，创造和发展了不同形式的弓箭文化，但是，只有角弓持续传承至今。制作角弓的材料和步骤主要包括：1. 水牛角是制作角弓最重要的材料，贴在弓的正面。2. 从牛脊柱两侧取出肌腱，粘贴在弓背上。3. 将整片略长于弓长的竹子烤成圆形，烘干凝固，贴在牛角和牛筋之间。4. 弓弦悬挂处的弓的上下端（约 10 厘米）需要坚韧材质的木料。因此，将桑树刮成碎片，并在热水中煮沸，用热水煮过后趁热定型。5. 将硬柞木刨刮成片状后，在热水中煮沸或用木炭火烘烤，待热后放在弓形手柄中使用。6. 去除鳖鱼泡中的脂肪成分，将其煮沸成胶水，用鳖鱼鱼泡胶将每种材料粘在一起，适当烘烤，可以双重提高附着力。7. 将桦树皮黏贴在弓表面，以防止弓体受潮，同时还可以实现美化弓体的效果。桦树皮若被清水熬煮，其颜色逐渐呈黄色，若煮在加碳粉的水中则逐渐呈现紫色。因此，可以根据使用者的喜好选定颜色。

---

　　① 许嘉璐主编；孙雍长分史主编；（唐）令狐德棻等撰）. 二十四史全译 周书[M]. 上海：汉语大词典出版社，2004：630.

　　② 当月亮绕行到太阳和地球之间，月亮的阴暗的一面对着地球，这时叫朔，正是农历每月的初一。当月亮绕行至地球的后面，被太阳照亮的半球对着地球，这时叫望，一般在农历每月十五或十六日。

角弓在一年中最佳的制作时间是 10 月中旬到第二年 3 月。因为在制作角弓时，只有鱼泡胶可以较稳固地粘贴各种动植物材料，如温度和湿度过高，材料附着力便会下降，特别是牛肌腱在高湿度条件下不易粘贴和干燥。同时，要存放在恒温箱中，以确保弓体的弹性和形状不会因外部环境变化而改变。与其他弓体相比，朝鲜族角弓的独特性主要表现在以下 4 个方面：1. 便于人体正面瞄准并发力。角弓由于弓体短，发射时易于正面发射。而其他长弓因弓体较长，拉弓后满弓状态下无法两眼正视标靶，只能侧身斜视目标。由于人类的两眼布局在人体的正面，因而在观察事物、判断方向和目测距离时，习惯于正视观察对象，而不是斜视。2. 可携带性强。冷兵器时代的角弓，不仅步兵使用，在骑兵和其他兵种中也广泛使用。其弓体短、重量轻，因此，便于携带。3. 弓体制作取材用料更节约。因其本身便于携带的特征，在制作角弓过程中对于耗材的选取更加节约，制作过程相比其他弓更加简单。4. 发射做功能力强。从材料力学角度观察，弓箭手的拉力储存在弓体，并将其传递给箭。人的手臂长度和力量是有限的，因此，在臂长和发力有限的条件下，弓体在满弓状态下的长度决定了弓弦和箭之间的初始角度。角度越小，推动弓的回弹力越大，射程才能越长。从上下弓梢到弓把有五个不同大小的弧度。在全弓时，这五处弧度蕴藏着弓的威力。由于弓把部分向弓弦方向弯曲的弧度约有 3 厘米，所以比起其他民族的弓，满弓状态下等于多拉 3 厘米的距离。除此之外，角弓的拉弓方式是采用大拇指勾弦发射，而其他民族的弓是采用食指和中指勾弦发射的方式，因而在同等拉力条件下，大拇指勾弦发射方法比食指和中指勾弦发射方式多拉 3 厘米。在满弓状态下，每多拉 1 厘米时，箭杆飞行距离就会增加 7~10 米。

随着朝鲜族人口迁移进入中国东北，由于环境变化、文化融合、战争爆发等多重社会因素影响，导致朝鲜族传统弓箭的传播与发展在很大程度上受到外部因素的限制。因此，传统弓箭的传承也受到了影响，这种局面一直到新中国成立以后才逐渐得到缓解，在中国共产党领导的民族政策的扶持下，朝鲜族传统弓箭技艺快速恢复发展。

在 1992 年中韩建交以后，朝鲜族传统弓箭的发展速度大大提升。1993 年延边朝鲜族自治州科协主席金今龙应邀参加了在韩国大田市举行的世界博览会。当时正在筹划建立朝鲜族弓箭协会的延边大学体育学院于 1993 年 10 月 25 日邀请金今龙携带韩国弓箭装备前往指导。延边弓道协会筹备委员会在 10 月 28 日召开了第一次会议，会议确定理事会成员并起草了协会章程。11 月，金今龙会长邀请韩国弓道协会的金东玉来华访问延边大学，并在延边大学体育学院给教师们讲解示范了传统弓射箭技艺。

中韩朝鲜族弓文化强化交流阶段。2000 年延边大学历史学教授刘秉虎在韩国研究所担任客座研究员。期间他结识了筹建世界（韩国）国弓文化协会的朴成洙教授。经朴成洙教授的介绍，当年 3 月 28 日韩国的权武锡来到延边大学访问，与尹鹤柱、金辉等教授商讨延边地区朝鲜族弓箭推广及普及事宜。并进一步讨论了在延边大学开设朝鲜族传统弓箭课程的问题。2000 年 7 月 6 日至 8 月 30 日，权武锡带着 20 张弓、300 支箭来到延边大学体育学院。与体育学院教师团队联合创办了延边大学传统弓习射同好会。同年 8 月 12 日延边第一个标准朝鲜族传统弓箭靶在延边大学校园制作完成。同年 9 月，以朴昌旭教授为射头，金辉和赵明浩为会长的新一届弓道协会正式组建。同年 11 月，权武锡带着 5 张传统弓再次来到延边大学，并将其无偿捐赠给延边大学，学校为表彰权武锡对于朝鲜族传统弓箭在延边地区传承发展所做的贡献，于 11 月 24 日聘任权武锡为延边大学体育学院名誉教授。2001 年 9 月开始，延边大学体育学院开设了每学年 16 学时的朝鲜族传统弓选修课"弓道"。2003 年 10 月 8 日，以金辉教授作为会长的延吉市弓道协会在延吉市文体局的大力支持下，正式成为注册社团法人组织。但由于各方面条件有限，在缺乏广泛且实质性支援的情况下，协会于 2005 年被迫注销。2007 年 2 月，韩国首尔大学罗永一教授来到延边大学体育学院，担任为期一年的客座教授。对朝鲜族弓道在延边地区传承发展所面对的问题，他向韩国弓道协会发出了支援延边大学体育学院弓道教学信函。在中韩两国朝鲜族传统弓箭学者和专业人士的多方协调和筹措下，2007 年 6 月 23 日，延边大学创立了我国首个朝鲜族传统弓箭传习所，命名"东虎亭"。此后，报名加入东虎亭的会员逐年增多。同年 8 月 25 日，朝鲜族弓箭爱好者李虎成在只有几张老旧现代射箭比赛弓的条件下，艰难地组建了延边州弓箭协会。2008 年 11 月，韩国弓道协会团组为了解延边大学弓道教学开展现状，来延边大学体育学院调研，并对弓道课程面对的困难进行了全面了解。次年，包括韩国弓道协会会长在内的 16 个韩国地方弓道协会会长组团对延边大学朝鲜族传统弓箭发展情况进行走访调研，与延边大学体育学院签订了《开展和普及朝鲜族传统弓教学的协议》。

中国朝鲜族弓箭文化的自主提升阶段。2010 年，延边大学体育学院在以往的弓道选修课的基础上，增设了弓道专业课，运动训练专业需修满 12 学分，体育教育专业需修满 8 学分。延边大学"东虎亭"于 2011 年 6 月成功举办第一届"体育彩票杯"民族传统弓国际邀请赛。2011 年夏，为了系统地学习和掌握朝鲜族传统弓文化的理论与实践，延边大学体育学院教授金英雄前往韩国弓道协会参加短期研修，并获得韩国弓道协会特别研修结业证。2012 年，延边大学体育学院成立了朝鲜族传统弓制作研究所。此举标志着中国朝鲜族首次实现了朝鲜族传统角弓的批量化生产。通过参与角弓制作过程，弓道专业的学生不仅从理论与实践中理解传统弓，更为学生毕业后开辟了就业渠道，推动了传统弓文化的不断传承。目前，延边地区规模最大的朝鲜族角弓生产企业的负责人就是延边大学体育学院的毕业生。在中国朝鲜族传承和发展传统弓文化的过程中，延边大学弓道部作为基点，"东虎亭"弓道场作为平台，带动了中国朝鲜族传统弓文化的持续传承发展。在此带动下，相继成立了延边朝鲜族传统弓协会、敦化市传统弓协会、延吉市弓道协会、大连市朝鲜族弓道协会等民间机构，在朝鲜族弓文化得到普遍化发展的基础上，以延边地区为中心的各地方朝鲜族弓箭传承人士共同似定了中国朝鲜族传统弓竞赛规则、裁判法、教练员和裁判员等级制度等规范文件，并且在 2019 年向全国朝鲜族弓箭爱好者全面推广。

同时，在推广的过程中更加注重发掘和培养朝鲜族传统弓箭的习射礼仪。

（四）龙头游戏

中国朝鲜族普遍传承朝鲜半岛高丽时代的龙头游戏。百济领袖甄萱与高丽太祖（王建）争夺政权后，王建败退高昌城。此后，高昌城城主金宣平、刑官权信和张吉帮助王建取得了逆转胜利。这场战争对高丽王朝至关重要，因此高丽政权建立后，给高昌起了"安东"的名字，意为"安于大东"。这个地区的人们在秋收之后，进行车战游戏模拟这场战争以表达纪念，流传已久，每年秋季在朝鲜半岛的洛东江地区举行。在古代村落之间进行车战游戏之前，从礼仪的角度来看，挑战的一方需要去对方的村庄进行比赛。对方如果拒绝，被大家嘲笑。指挥游戏的人一般选择出身名门的大将，如果双方达成一致，前期的准备就要迅速进行。橡木是制作车轮的重要器材，而且选用的橡树必须是直的，合适的高度为6~9米。为了寻找优质的橡树，参赛者远至江原道进行筛选，一旦找到合适的木材，就用稻草做的绳子绑在树上，意味着驱除鬼神，警告别人不要重复选择。因此，这根绳子也被称为"禁绳"，是神圣的象征。地方官员会派遣专家保护筛选好的橡树。在选择砍伐橡树的人时也有严格的要求。被选中的人必须品行优良和德行兼备。被选中后要进行禁食，穿上长袍，带着3~4名木工和5~6名帮手前去采伐。到达目的地后，先举行祭祀山神的仪式，然后开始砍伐橡树。即使在把橡树运到村子的途中，专家也要跟随保护它。搬运者也要遵守行走规矩、说话克制、排队整齐等礼仪。

关于龙头游戏胜负关系的判定。规则要求各队领队站在车框架上，其余成员抬车对抗，如果任何一方高层落地或战车先倒下，都将被视为失败。参加车战的多是健康的成年男子，人数少则几百，多则几千，主要以冲撞和压迫的方式进行对抗，压制住对方后，全力防守。车战游戏展现了朝鲜民众无畏的气魄、众志成城的信念和团结合作的精神。但随着时代的发展和社会的变迁，这一活动的内涵逐渐演化为以纪念战争为主、优化竞技技术、体现民族风貌的文化内涵。每年农历正月十五元宵节，人们也都会举行车战游戏，预祝新的一年五谷丰登，万事如意，由此形成了具有民族特色的民间文化。中国朝鲜族在融入中华文化的过程中，不断吸收中华民族优秀的文化资源。"龙"在中国传统文化中具有多重含义。首先是至高权力的象征；其次是寄予美好的期待；最后是对古代皇帝的特别指称。中国朝鲜族结合中国传统文化的内涵和朝鲜半岛车战游戏的文化来源，将朝鲜半岛的车战游戏改编为龙头游戏。形式和规则基本相同，除了农历正月十五元宵节等节日外，在延边朝鲜族自治州的固定节日等重大区域性节日也有表演，象征着人们对安定幸福的生活的喜爱。

（五）朝鲜族尤茨

尤茨又名"掷柶"或"柶戏"，是朝鲜族中人气很高的智力游戏。方法是扔四根木棒，根据木棒的正反结果在棋盘上行走。据说，尤茨是扶余地区的人民以猪、狗、牛、马等四种动物命名流传下来的游戏。猪、狗、牛、马等四种动物分别代表游戏中投掷的四根木棒，根据每根木棒投掷的形态计算分数（步数）。将圆柱体沿侧面向下切割约1/3，使其形成一个平面，平面在上称为"翻"，平面在下称为"扑"，三扑一翻称为"to"（韩语罗马字注音法，汉语直译过来可以念"刀"），计一分（前行一步）；两扑两翻称为"gae"（韩语罗马字注音法，汉语直译过来可以念"给"），计两分（前行两步）；一扑三翻称为"geol"（韩语罗马字注音法，汉语直译过来可以念"格尔"），计三分（前行三步）；四个均翻称为"yut"（韩语罗马字注音法，汉语直译过来可以念"韵"），计四分（前进四步）；四个全扑称为"mho"（韩语罗马字注音法，汉语直译过来可以念"莫"），计五分（前进五步）。

关于朝鲜族尤茨，至今没有确切的史料能够考证其准确来源。但是，在朝鲜族民间流传三种说法：第一种与农耕文化有关，朝鲜族文明初期，主要是农耕社会，农民们举行占卜仪式，祈求来年风调雨顺获得丰收，随着时间的推移，人们开始模仿占卜用的乐器，为游戏活动制作类似的器具，慢慢发明了尤茨游戏。第二种与皇宫结构有关。朝鲜民众是根据宫殿的布局和结构设计的尤茨游戏，每一点代表了宫殿的每一个重要角落，并制定了尤茨的行走方法。第三种据说古代朝鲜人不仅重视农耕，而且非常重视畜牧业的发展。饲养家禽家畜也是生活的重要部分，所以人们使用家畜的名字猪、狗、牛、马四种来创制游戏和制定规则，逐渐成为民间最受欢迎的民俗游戏。第三种说法是普遍接受和流传的说法，目前在日常生活和节日中朝鲜族人们还都会玩尤茨游戏。

（六）朝鲜族象棋

象棋代表了中国古代人民的集体智慧。是模仿战争制作的智力游戏，棋子之间交替移动，胜负标准是吃掉对手的将或帅。《楚辞·招魂》记录了象棋的早期形态，当时被称为"六博"。象棋可以说起源不晚于春秋。在将（帅）周围放着士（仕）、相（象）、马、车、炮、卒（兵），利用它们来保住本方的帅（将），可以看出将帅就像现实社会的统治者一样。从棋子的名字可以看出，其是军事战争中军事人员的职位和军事工具的直观表现。走法中也增加了很多"计谋"，形成了很多象棋的阵法，其中包含《孙子兵法》《三十六计》等兵书痕迹。在古代，象棋不仅是用于娱乐的民俗体育游戏，也是军事家思考战争战略的重要辅助手段之一。宋朝商人把中原的"象棋"带到了朝鲜半岛。南宋后期，为了区别于旧象棋，朝鲜人将新象棋的名字改为"朝鲜将棋"。朝鲜李氏王朝时期棋盘规格为横9线，竖10线，共90格。18世纪初，棋盘规格为横14线、竖15线，共210格。朝鲜族象棋棋子的颜色分为红色和绿色。红色棋子上的汉字是楷书，绿色棋子上的汉字是草书。下棋的时候，长辈执红子，后辈执绿子，下棋遵循弱者先走的惯例，这是朝鲜族的传统礼节。

中国延边地区朝鲜族通过与汉族100多年的文化交流和融合，逐渐形成了与朝鲜半岛象棋和汉族象棋不同的特点。具体表现为朝鲜半岛的象棋没有河界，但朝鲜族象棋有河界。朝鲜半岛象棋的主帅被称为"楚"和"汉"，但朝鲜族象棋的主帅和汉族象棋的主帅一样，被称为"将"和"帅"。朝鲜半岛象棋使用"象"，但朝鲜族象棋受到汉族文化的影响，使用"相"。朝鲜族象棋中"象""炮""士"的走法和汉族象棋的走法不同，但与朝鲜半岛的象棋走法大体相同。"相"和"马"的摆放位置不同。朝鲜族象棋和汉族象棋的明显区别在于棋子的走法：1."将(帅)"的摆放位置。朝鲜族象棋开始时将(帅)放在活动区域对角线的中间点；汉族象棋将(帅)放在底线的正中间；2. 将和士的走法不同。朝鲜族象棋将(帅)和士在活动区域内可以随意走动，可以上下走、斜线走和横向走；汉族象棋将(帅)的走法和朝鲜族象棋一样，但是士不能上下走和横向走，只能在对角线上的斜线行走；3. 相(象)的走法不同。朝鲜族象棋的相(象)是"目"字的走法，第一步走直线，第二步和第三步连续走斜线，并且可以过河；汉族象棋相(象)是"田"字走法，直接走斜线，并且不能过界；4. 炮的走法。朝鲜族象棋的炮必须隔一个棋子才能移动；汉族象棋的炮可以随意上下和横向移动；5. 卒(兵)的走法。朝鲜族象棋的卒(兵)的走法是在没有过河之前就可以横着移动，但不能后退；汉族象棋卒(兵)的走法是必须过河之后才可以横向移动，并且也不可以后退；6. 相(象)和马的摆放位置。汉族象棋车、马、相(象)的摆放位置是固定的，不能随意变动；朝鲜族象棋除了车必须放在底线的两个底角处外，相(象)和马可以根据自己的战术改变摆放的位置。

(七)画图

画图又称"花斗"或"花札",是纸牌类游戏中的一种,以对上同样花色的方法取得分数,得分最高的为获胜者,这种益智游戏是 19 世纪从日本传入朝鲜半岛的。日本的花札最初是平安时代的贵族们创造的一种游戏,他们在蛤蜊壳上写下"和歌"或画上图案,然后把它们成对放在一起所形成的一种游戏。后来到了日本战国时期,葡萄牙船队又带来了另外两种西方纸牌游戏,最后,随着时间的不断推移,日本人将原来的花扎打法与西洋牌相结合,最终在 1800 年左右形成了现在的花扎打法。① 花札首次进入朝鲜半岛的时间虽然没有明确的史料记录,但有人认为 19 世纪往返于朝鲜半岛和对马岛之间的日本商人将花札引入了朝鲜半岛。还有人主张,甲午战争时期,有日本军人和军队携带大量花札进行花札游戏的详细记录,使花札传到了朝鲜半岛。最后一种说法是,在日俄战争时期,朝鲜半岛的高级官员利用花札游戏进行巨额赌博,大手大脚地交易了很多钱。这种丑恶的行为后来被当地媒体曝光,这种不良的社会风气遭到谴责。因此,研究人员普遍认为,花札正式进入朝鲜半岛是在 1890 年前后。

日本、韩国、中国朝鲜族花札的游戏规则大致相同,但有一些差异。三个国家的花牌出札规则是一样的,最终结果也大致相同,大家根据分数的多少来判定胜负。日本的花札不是以加倍或相加的形式存在的。他们只是根据不同的卡片组合得到不同的分数,所有分数的总和是最终分数。日本花札的积分规则是三种花札中最详细、最严谨的,不同的组合得到的积分也不同。与韩国花札的不同之处是在游戏进行中,牌局未结束时可以进行"go"和"stop"的选择,这是一种带有激进性质的玩法,当一方认为自己手中的牌能获得最大分数时可以喊"stop",此时游戏结束,如果对方同意亮牌,就一起将牌亮出,开始计算得分;如果不同意另一方可以喊"go"表示继续抓牌,双方可以一直进行"go"和"stop",直到最后所有牌抓完,开始亮牌计分,在计算最

① 朴成浩. 花札流入朝鲜半岛通考[J]. 日本言语文化,2017(06):165-166.

终得分的过程中分数可以翻倍，在"go"和"stop"的选择中，不仅要考虑对手的分数，还要对自己的牌面有足够的信心和勇气，以此来支撑自己继续游戏。中国朝鲜族受传统儒家思想的影响，近一千年来，儒家文化的精髓已经深入人心，中国朝鲜族在花札游戏规则中反映了儒家思想的中庸之道。中国的花牌在得分规则上，也有特殊组合的加分，所以在游戏过程中，不仅有游戏的基本分数，还有加分带来的挑战和刺激。进一步表达了玩家对彼此心理状态的猜测，以及自己获胜的战略和布局。不能太激进，不能盲目要求特殊组合加分；也不能太保守，只使用基本的分数牌获胜。两者相互融合，最终达到了赢得比赛、锻炼心灵的目的。

(八) 拔草龙

拔草龙是一种特殊的拔河比赛形式。由于其形式和文化内涵与现代拔河不同，朝鲜族人将这种民间体育活动称为"拔草龙"。在过去，朝鲜族人民与水稻种植有着深厚的渊源，朝鲜族生活的乡村地区盛行拔草龙，成了一项包含"休息"和"丰收祈祷"意义的民俗活动。

拔河起源于我国春秋时期楚国。因为楚国境内多水域，为了发展水军，发明了一种名为"钩拒"的兵器，这种兵器主要是为了在对方战败时钩住敌人的军舰。当对方准备逃跑时，利用钩子钩到敌人的军舰，用力拉到我们这边，使敌军无法逃脱。钩拒因其较为有效的作用，名声广泛传播，此后流入民间，发展成为拔河游戏。随着传播的深度和广度不断扩大，后期加入竞技比赛方式，形成了比赛规模。"《封氏闻见记》中记载：'拔河，古为之牵钩。襄汉风俗，常以正月望日为之。拔河，古用篾缆，唐民则以木麻，长四五十丈，两头分系小索数百条，挂于前，分二朋，两勾齐挽，立大旗为界，震鼓叫噪，使相牵引，以却者为输，名曰"拔河"。拔河之起源，本由于教战，故至唐代，兵士亦多以此为戏。不独兵士为然，既宫女亦多戏此。又不独宫女为然，宰相将军等又多戏此。似此上有所好，下必甚焉，则唐代社会，拔河游戏之盛，一般可鉴。'"[①]

---

①　汪旭. 唐诗全解[M]. 沈阳：万卷出版公司，2015：237.

学者认为朝鲜半岛拔河的起源分为两种。一个是朝鲜半岛的拔河是从中国传来的，另一个是拔河起源于朝鲜半岛地区的自然发展。据文献记载，朝鲜半岛拔河的起源倾向于来自中国，最重要的线索是朝鲜英祖时代《舆地图书》（约1757—1765年间）清楚记载了朝鲜原州地区"曳索占丰"的游戏是仿唐时拔河而为之。① 后来根据朝鲜半岛的文化特点，加入农业文化要素，形成了拔草龙的民俗体育活动，拔草龙传到中国东北后，与东北地区文化融合，逐渐成为中国朝鲜族民俗文化之一。拔草龙将男女绳和东西绳分开分组，将主线分成多种支绳，让更多的人参与。主要材料是稻草，制作的方法为：第一，用稻草编一根绳（根据人数决定厚度），完成后把支绳铺好，用草绳每隔一米连接一次，把所有支绳编在一起。第二，再将支绳绑成两根主绳。一个是雌绳，另一个是雄绳。第三，将雌绳和雄绳的套索插在一起，两条主绳的交叉点用木头或旗帜固定起来，作为比赛胜败的标志。在比赛中，如果折断对手的绳子，或者把主绳的标记拉到规定的限度，就可以判定本方的胜利。主绳的厚度和长度也是根据人数而定的，最大的情况下，主绳的直径约为1米，长度可达400~500米，可以同时容纳数百人参与。

拔草龙活动在朝鲜族传统节日都会举行，但主要在农历五月初五端午节和八月十五中秋节举行，但大部分地区在正月十五举行，这与农业和渔业关系密切，获胜一方可能意味着会有丰收。

三、朝鲜族传统体育非物质文化遗产传承人要举

（一）国家级非物质文化遗产传承人

李勇（男），朝鲜族摔跤项目继承人，朝鲜族，1962年生，中国共产党党员。2017年12月28日，入选第五批国家级非物质文化遗产代表性项目代表性传承人推荐名单，目前在延边星洲青少年体育俱乐部担任摔跤教练。他将朝鲜族摔跤技术与教育方法运用到日常训练中，一天保证2次以上训练，每次至少1小时，定期去朝阳川一中、头道新兴小学、敦化四小、珲春第一实

---

① 蔡艺，李傲翼，苏建臣，等. 韩国拔河的文化人类学研究[J]. 体育学刊，2017(01)：20-25.

验小学、敦化二中、图们五中、和龙市体校、珲春五中、龙井五中、延吉市新兴小学、延吉市十中等学校传授朝鲜族希日木技艺。李勇是一个低调而勤奋的教练员，在担任教练的20多个年头里，他始终骑着一辆老式上海永久牌自行车去训练场，风雨无阻。每天都制定不同的训练计划，严格要求每一名训练的队员，在没有资金、没有梯队建设的最艰难的时期，他靠着一股对民族文化传承的责任心，自己默默地坚持发展朝鲜族摔跤。在练习朝鲜族摔跤时，为了能让人们注意到朝鲜族摔跤，他融合传授国际式摔跤，并培养出了全国国际摔跤冠军崔长允。崔长允的成功极大地鼓舞了参与朝鲜族摔跤的青少年，也让全国人民开始逐渐了解朝鲜族摔跤。

1970年，李雪峰出生在黑龙江省的一个朝鲜族农村家庭，他曾是一名优秀的中国式摔跤运动员，奋斗的目标是登上奥运领奖台。但是，中国式摔跤没能跻身奥运项目。1992年，李雪峰选择退役，以经商谋生。为培养体育人才，振兴延边体育事业，李雪峰20年来举债供养了100多名孤儿和贫困家庭孩子，他最大的梦想是为体育院校输送100名大学生，让自己的学生登上奥运冠军奖台。2000年，李雪峰怀着对竞技体育的不懈追求来到延边，向李勇学习朝鲜族摔跤，在他的帮助下在延吉市东郊创办了"延边星洲青少年体育俱乐部"。李雪峰在训练选材中发现："有钱人家的孩子怕吃苦，没人愿意从事重竞技的朝鲜族摔跤运动；而天资好的孩子多数来自农村或贫困家庭，负担不起训练费和生活费。"面对这种情况，李雪峰面向全社会公布了自己的招生原则："只要天资好、热爱体育运动，无论是贫困孩子还是孤儿，都可以到俱乐部免费学习。"随着报名学习的孩子越来越多，李雪峰的经济负担也越来越重。星洲青少年体育俱乐部的学员有一部分是无依无靠的孤儿，在他们眼中，李雪峰既是严师又是慈父。李雪峰为了让这些孤儿不受歧视，享受到大家庭的温暖，在压力重重的情况下，仍然定期给每个孩子一定的零用钱，用于他们理发、洗澡，购买日用品等消费。20多年来，星洲俱乐部共招收了500余名学员，包含100多名孤儿，这些孩子除了在场馆训练比赛外，李雪峰还要每天接送孩子到延边体校、延边大学学习文化课。李雪峰的妻子李顺兰原本从事服装设计工作，为了支持丈夫的事业，放弃工作，全身心地帮助打理俱乐部日常生活。俱乐部开支已花掉了李雪峰所有的积蓄，为维持正常的教学和生活，李雪峰不惜举债坚持。俱乐部培养的运动员常年代表延边州和吉林省参加省内、国内大型竞技赛事，培养了全国少数民族运动会民族式摔跤冠军崔龙元等多位省级和国家级运动人才。李雪峰先后向延边体育运动学校输送了 300 多名学生，其中 20 余人被送往吉林省体育学院和延边大学继续深造。星洲俱乐部也从当初的仅有摔跤项目，发展为拥有射箭、拳击和跆拳道多个项目的综合场馆。李雪峰率领星洲俱乐部在国家、省级比赛中屡创佳绩，先后获得 76 枚金牌、48 枚银牌、38 枚铜牌。2012 年，李雪峰入围"安踏2012 体育风云人物未名人士体育精神奖候选人"，这是延边州体育工作者在本次评选中获得的最高荣誉。面对成绩和困难，李雪峰没有停下脚步，而是继续追求他的奥运冠军梦。

（二）吉林省体育非物质文化遗产传承人

朝鲜族秋千、跳板项目传承人池春兰（女），朝鲜族，1982 年生，2011 年入选吉林省第二批非物质文化遗产传承人名录。作为一名跳板运动员，她在1999 年 18 岁时就获得了全运会跳板冠军。2003 年作为教练员参加第七届全国少数民族传统体育运动会，获得跳板冠军。同时，她还当选为 56 个民族中的朝鲜族体育之花，她一直工作在跳板和秋千运动的第一线，也是延边州体育运动学校的普通教师，只要涉及跳板和秋千的比赛都会出现她的身影，这不仅是一份热爱，也是传承朝鲜族传统体育文化的一份责任心。一群女孩穿着鲜艳的民族服装，一个接一个地踏上跳板，越跳越高，可以弹跳到四米左右。选手们在空中弹起，在空中做出各种优美的体操动作，或像羚羊飞奔般跳跃弯曲，或像大鹏展翅般伸展双臂，动作优美而舒展，就像空中体操和空中芭蕾，让人忍不住惊叹。她时常为观众和好奇的人们讲授跳板的规则和类型。表演技巧道具包括扇子、飘带、花圈等，谁的动作难度大，谁的动作越漂亮，谁的得分就越高。16 岁之前，她一直被作为速度滑冰运动员来培养。后来在一次偶然的机会中接触到了跳板，在跳板教练的反复劝说下开始了她的跳板生涯。从速滑到跳板是一个巨大的转变。然而，仅仅经过两年的训练，她就获得了全国民族运动会的跳板冠军，池春兰在跳板上表现出很高的天赋。

因为年龄的限制，在参加完一届民运会后，她就转型成了延边体育学校的跳板教练。现在池春兰注重对孩子们的培养，孩子一般在 10 岁左右就开始练习跳板，年龄小，身体柔韧性好，可塑性强。曾经有一对双胞胎女孩十分喜爱跳板运动，各方面的身体素质指标都十分适合练习跳板。但是，孩子们的家长出于对文化课学习的考虑，始终犹犹豫豫，不愿让孩子参与到跳板训练中来。她为了能培养出更好的朝鲜族跳板运动员，不愿失去这么好的苗子，便每天都会到孩子的家里做父母工作。在做父母工作的时候，她并没有夸大跳板运动未来发展的潜力和幻想孩子练习之后未来所能达到的成就，而是实事求是地和家长说明了现在跳板传承过程中面临的困难和窘境，她只是希望通过培养下一代，来更好地传承民族文化，就是这份真诚和诚实打动了双胞胎的父母，同意孩子在课余时间参与到跳板训练中来，在日后的比赛中双胞胎队员也屡获佳绩，为跳板运动的发展添加了助推剂。

朝鲜族象棋(本部分简称为"象棋")项目传承人洪性彬(男)，朝鲜族，1952 年生，2011 年被列入吉林省第二批非物质文化遗产传承人名单。他受家族影响自幼学习朝鲜族象棋，为朝鲜族象棋的发展做了很多积极的贡献，并且也是延边朝鲜族自治州象棋协会(以下简称"延边象棋协会")的一名成员。在从事推广朝鲜族象棋的过程中，他善于总结和发现问题，从三个方面对朝鲜族象棋进行了分析：首先，赛事推广。纵观近几年来的州市各项比赛，基本上是成功的，但是其中也有美中不足之处，一是参与的棋手还不够多，尤其是年轻的棋手较少；二是各县市棋协在协同组织上还存在一些不和谐的地方。究其根本原因，在于组织结构上存在不足。赛事的推广要以完善的组织结构为基础，逐步形成以延边象棋协会为主导，各县市棋协为骨干，把延边州象棋运动的开展形成一个整体。由各级协会制定年度比赛规划，推广会员制度，完善会员档案，州棋协要给予各县市棋协或其他象棋团体赛事大力支持和指导，同时也需要各县市棋协向州棋协汇报比赛计划；三是要高度强调象棋运动的群众性，要发动更多的象棋爱好者参与进来，把强大的群众基础运用到实际当中，有计划有步骤地多开展一些各个级别、各种形式的比赛，还要拥有一定规模的观众团体，不能总停留在孤芳自赏的层面上；四是大力推广会员制和联赛体制，自下而上形成具备一定规模的团体，这方面尤其应该向球迷协会、网球协会等学习借鉴。

其次，是人才培养。开展好象棋运动的关键在于后备人才的发掘培养。延边青少年尤其是以刘月辉等小棋手为代表的延吉市青少年棋手近几年来在丁勇副主席的培养下进步明显，通过比赛，也发现了像周启峰、马良等名不见经传的优秀青年棋手，使我们看到了新的希望，这方面今后离不开延边州体育局的支持，更需要延边象棋协会的积极努力，任重而道远。

最后，是商业运作。商业运作一直以来是象棋运动开展的软肋，像有一阶段"刘振国杯"赛事由个人承担比赛费用的事件已多次发生，这种情况是我们不愿意看到的，也是不利于象棋运动开展的。商业运作不能总指望某个或几个人，应该发挥各级会员的优势，群策群力，棋协要负责把有意义、有建设性的建议和信息搜集汇总，在会员吸纳上要将眼光放在存在一定商业潜力的团体和个人上，当然，这一切首先要建立在把象棋运动更广泛更深入地开展到群众当中的基础上，要创造价值，首先自身要形成一定价值。

现阶段延边朝鲜族自治州每年都会在各县市举办大大小小的象棋比赛活动，既丰富了社会群众的业余生活，也推动了朝鲜族象棋的发展，为非物质文化遗产的传承与保护打下了坚实的基础。

朝鲜族栖戏项目传承人李相学（男），朝鲜族，1962年生，毕业于中央民族大学。于1986年起在吉林市朝鲜族群众艺术馆工作，先后担任道拉吉杂志社的编辑、主编职位。2018年成为朝鲜族尤茨第七代传承人。李相学从小接触朝鲜族尤茨，在参加工作后，开始系统学习比赛规则，研究走棋战术。1990年至2004年，他在吉林市朝鲜族群众艺术馆每年农历正月十五组织的朝鲜族尤茨比赛中担任裁判员，2005年开始担任裁判长。2013年受吉林省民族事务委员会邀请，担任吉林省第六届少数民族传统体育运动会朝鲜族尤茨表演项目的总裁判长，细致规范了适用于该运动会中尤茨比赛的规则，确定了器具规格，统一了比赛场地尺寸、拦网高度等标准。2017年，朝鲜族尤茨正式被纳入吉林省少数民族传统体育运动会朝鲜族尤茨正式比赛项目，李相学被聘为本届运动会正式比赛项目的总裁判长，并圆满完成了运动会朝鲜族尤茨项目的相关工作。为了让尤茨得以更好地传承，吉林市朝鲜族群众艺术馆每年组织三次以上的尤茨比赛，每年有近千人参与比赛。李相学将尤茨项目推广到吉林地区朝鲜族中小学，通过讲解朝鲜族尤茨的发展由来，传授掷朝鲜族尤茨的技巧和走棋方面的战术，现场指导朝鲜族中小学生开展朝鲜族尤茨比赛，激发了学生们对朝鲜族传统文化的探索兴趣。

第三章 朝鲜族传统体育
项目的文化变容

第一节 朝鲜族文化现象的变容

一、变容的主要表象

在田野调查过程中，随着观察与信息的采集，学界逐渐发现了朝鲜族文化形式的微妙变化，而这些变化的出现融合了社会发展、民族融合、文化认同等方面因素。下面将简要列举部分朝鲜族文化变容的表现形式。在饮食文化方面，现在在延边朝鲜族自治州，每到传统节日，不论汉族和朝鲜族人，家家都会准备和北方汉族人一样的时令食物，如饺子、元宵、粽子、月饼等。在朝鲜族餐桌风俗中，晚辈不可以在长辈面前饮酒、吸烟，如果确有必要同席就座，饮酒时要把脸背向长辈，这个习俗一直延续到19世纪60年代。① 田野调查发现，现在在延边朝鲜族自治州，朝鲜族人的晚辈可以在长辈面前饮酒。饮第一杯酒或者第二杯酒的时候会有意背对长辈，但是，随着饮酒量的增加，在后面的时间里，晚辈也就不会再背对着长辈饮下每一杯酒了。餐桌上，在长辈面前吸烟的情况也是被允许的。

中国朝鲜族人的着装随着时代的不同也发生着变化。20世纪40年代，朝鲜族主要以棉布为衣料材质。1978年以后，受到改革开放政策的影响，朝鲜

---

① 延边朝鲜族史编写组. 延边朝鲜族史[M]. 延吉：延边人民出版社，2010：629.

族人从 20 世纪 80 年代开始穿衣习惯有了很大改变，从过去只穿传统的民族服装，男人们逐渐开始穿着西服、衬衫、夹克，女人们逐渐开始穿着连衣裙。在延边朝鲜族自治州内，一般只有到了传统节日期间才会有人穿着民族服装。但是，能够观察到的，大多数穿着民族服装的人都是朝鲜族女性，而这些女性大多数是庆祝活动的参加者，男性很少在传统节日中穿着民族服装外出。在延边朝鲜族自治州内，可以观察到的当地人们，基本外出的服装都是现代化风格的服装。

19 世纪中期到 20 世纪初期大批来自朝鲜半岛咸镜道地区的居民迁移至我国境内（现延边朝鲜族自治州）。因此，回顾延边州境内朝鲜族人以往居住房屋的格局，发现与咸镜道地区风格极为相似，以"单通间""双通间""曲屋"形式为主。与汉族不同，朝鲜族人极为重视对牛这类大牲畜的饲养，往往将牛棚与主屋相连接，并设计可以直接敞开的大门方便家人进出牛棚。由于东北地区冬季寒冷，房屋取暖不可或缺。朝鲜族民居在这一方面与汉族也有所不同，汉族民居多以东北俗称的"炕"作为床，取暖也是通过"炕"下扩散热源进行。而朝鲜族一直以"地铺"作为床，其建造工艺与汉族大相径庭，是在地面以下挖掘的坑道来实现热源扩散，用于取暖。20 世纪 80 年代初期，我国将发展重点转向了"以经济建设为中心"，住宅类型也发生了相应的变化。受到国家政策的影响，延边朝鲜族自治州的经济发展逐步加快，城市建设也在加速。从 80 年代开始，朝鲜族的住宅发生了很多变化，多数住宅已经变成了砖瓦房屋。1994 年在全国 662 个城市和乡镇中，公有住房持有率为 55.2%，私有住房持有率为 32.5%，到了 2000 年，统计数据显示全国私有住房持有率上升到 59%。① 截至 2020 年底，延边州住宅施工面积 508.88 万平方米，住宅销售面积 68.08 万平方米。② 原有的稻草房已经彻底消失，楼房取代了平房，住宅的外观和形式都从传统习惯中摆脱出来，变成了现代的楼房。③ 在田野调查中我

---

① 吉林省统计局. 延边朝鲜族自治州 2020 年国民经济和社会发展统计公报［R/OL］.（2021-06-09）［2023-08-19］. http：//tjj. jl. gov. cn/tjsj/tjgb/ndgb/202106/t20210609_ 8098834. html.

② 吉林省统计局. 延边朝鲜族自治州 2020 年国民经济和社会发展统计公报. ［R/OL］.（2021-06-09）［2023-8-19］http：//tjj. jl. gov. cn/tjsj/tjgb/ndgb/202106/t20210609_ 8098834. html

③ 千寿山. 中国朝鲜族风俗的现状及其 21 世纪的发展趋势［J］. 延边大学学报（社会科学版），1998, 31（02）：140-145.

们也观察到了这样的现象，传统的民族住宅和建筑，只出现在了延边朝鲜族民俗风情园以内，而与朝鲜族民俗风情园一条街之隔的居民区里，全部都是现代化的洋房住宅。

民俗婚礼与丧葬的变化。通过田野调查和对朝鲜族人民的访谈，可以发现，延边朝鲜族自治州越来越多的年轻人会按照西方婚礼的形式举办结婚仪式，身着西装与婚纱。用汽车排成车队迎娶新娘，在酒店的宴会厅里效仿西方结婚式的仪式，香槟、烛光、蛋糕等等西方结婚仪式中出现的元素，在这里也都会有。汉族人婚礼习俗是在新房的床上摆放大枣、花生、桂圆、莲子。因为，在汉字发音中，这四样果物的名字中各取一个字的发音，就是汉语"早生贵子"的发音，而"早生贵子"是汉族人对于新婚夫妇最常用的祝福词汇，所以汉族人用这种方式寓意新婚夫妇可以尽快有自己的孩子，表达祝福的含义。受到汉族文化的影响，曾经有一段时间，朝鲜族人的婚礼也会有这样的环节，但是到现在这样的内容在朝鲜族人的婚礼仪式上又逐渐减少了。

不论是汉族还是朝鲜族，在历史上相当长的时间里，在人离世以后都采取土葬的形式。土葬是旧式的丧葬礼仪，但是随着中国国家政策的改变，火葬成了国家倡导的丧葬行为。1997 年，国务院颁布《殡葬管理条例》规定：殡葬管理的方针是积极地、有步骤地实行火葬，改革土葬……人口稠密、耕地较少、交通方便的地区，应当实行火葬。①

二、文化变容的要因

第一，从历史角度观察，受朝鲜半岛自然环境影响，其文化交往主要对象为华夏文明，古代中国传统文化内涵深厚，所以朝鲜半岛长期以来受中华民族文化影响。其中以汉文化为主流的儒家文化、道家文化、佛教文化均为朝鲜半岛主要的文化来源。此外，还包括一部分萨满文化。但是，这并不说明朝鲜半岛文化全部来自华夏文明，至少在一定层面上受到古代中国文化影响较为深远。因此，从这个角度出发，在人口迁移年代大量朝鲜人进入中国

---

① 殡葬法规和问答. 民政部主页［EB/OL］.（2021-04-28）［2022-07-08］. http：//101. mca. gov. cn/article/zcfg/202104/20210400033486. shtml.

东北地区生活，其文化差距并不悬殊，在文化融合方面也相对从容。第二，从朝鲜李氏王朝破败开始，到日本占领朝鲜半岛，从现实角度切断了早期移入中国，但又寄希望于重返半岛的人的期待。而这一过程持续了近半个世纪之久，在客观上促进了半岛迁移人群融入中华文化的环境当中。因此，以汉族文化为主导的中华民族文化逐渐深入朝鲜族人思想意识当中，推动了中国朝鲜族文化认同的形成。第三，新中国成立后民族政策发挥了积极作用。新中国成立后以民族平等、民族繁荣和民族团结为主要核心的民族政策得到全面发展。少数民族在语言、习俗、居住环境等方面均与汉民族相融合。各级政府通过保护少数民族文化，实施积极的经济政策来平衡各民族之间的关系。因此，我们可以看到在延边州境内朝鲜族依然保持着较独特的民族文化习惯，其语言、文字、习俗等方面均得到了保护，并加以传承和发展。第四，中华民族文化认同感逐渐增强。经过一百多年的融合发展，迁移而来的朝鲜族移民在我国境内已经发展到了第五代甚至第六代后裔，这使得移入多年的中国朝鲜族在民族认同感方面持续提升。第五，和谐的多民族生活环境巩固了朝鲜族人的文化认同感。我国东北地区因地势辽阔，自古以来人口稀少，因此迁移后的朝鲜族人在发展过程中逐渐摸索出了与多民族共同发展的生存之道，较好地维护了民族关系，并逐渐形成了主人翁意识。汉族人和满族人主要依靠农田种植生存，蒙古族人以游牧形式生存，朝鲜族人则是依靠水稻种植维持生产。因此，各民族间本身客观矛盾较少，维系了较为和谐的民族共存关系。同时，各自劳动成果还形成了产出互补格局，从而进一步加深了各民族之间往来互动，进一步巩固了朝鲜族人对于中华民族文化的认同感。

第二节　朝鲜族体育文化的竞技化发展

一、民族传统武术的竞技化为少数民族体育竞技化发展树立标杆

民族体育文化现象的产生在世界范围内都有着相通的基本路径，一般以娱乐、养生、御敌等为源头。民族传统体育文化表现，会随着人类社会文明的进步和发展被赋予更多的内涵和形式，竞技化就是其中最普遍，也是最具代表性的发展现象。我国作为世界上仅存的无断代的将传统文化传承至今的文明古国，民族传统武艺深受世人瞩目，它的近代化与国际化发展之所以取得成功，其核心标志就是拓展竞技化发展空间。武术的竞技化发展，为我国少数民族传统体育的发展和竞技化树立了标杆和榜样。

民族（ethnic group）是现代国家中拥有共同的起源及身份认同，是在一定历史发展阶段形成的稳定的人们共同体。① 目前，世界中大部分国家是由多重身份认同相异的民族组成多民族国家，或称多元文化国家。各民族在国家政治、经济等方面的参与程度上有所不同。一般来说，参与程度最高、人口基数最大的民族为多数民族（majority），而除此以外的民族为少数民族（minority）。无论是多数民族还是少数民族，他们大多拥有自己的体育运动或游戏，即民族传统体育，其又被称为"传统体育（traditional sports）""民族体育（ethnic sports）""民俗游戏（folk games）"等。民族文化是在本民族创造、实践并发展这项民族传统体育的过程中逐渐形成的，蕴含着民族的文化特征，同时民族传统体育所蕴含的民族文化也会反哺该民族，使得该民族中的个体拥有更强烈的身份认同感。

体育人类学认为，与民族传统体育概念相对的是"国际体育（international

①　金炳镐. 民族理论与民族政策[M]. 北京：中央电大出版社. 2012：9

sports）"。以国际奥林匹克委员会（International Olympic Committee，以下简称"IOC"）及其认证的诸多国际体育组织（International Sport Federations，ISF）为中心，在世界范围内推广普及的体育运动项目。这些体育项目共同遵守 IOC 所制定的各项规则（不仅包括竞赛规则、参赛资格等要求，同时涉及社会团结、体育精神等理念。可概而称之为"奥运文化"）。这种对于奥运文化的认同感为不同宗教信仰、不同风俗习惯的人们提供了相互交流的前提，进而为促进世界和平提供了帮助。这也是国际体育广受关注的一大原因。在全球化浪潮的推动下，民族传统体育大多以早日跻身于国际体育行列为各自的发展目标。而成为国际体育项目的前提之一是需要在世界更多的国家和地区普及开展。这可看作是民族传统体育向其他某个或多个民族团体中传播的过程。在这一过程中为了迎合新的文化环境从而被其他民族所接纳，民族传统体育往往会发生不同程度的演变。

1999 年 6 月 13 日，国际武术联合会（以下简称"国际武联"）获得了 IOC 临时承认。根据 IOC 规定，获得临时承认两年后方可申请 IOC 正式承认。2001 年 7 月 13 日，北京第 29 届夏季奥运会申办成功。同年 12 月，国际武联与世界反兴奋剂机构签署《反兴奋剂条例》，2002 年 2 月，国际武联正式获得国际体育组织承认。一连串消息，让人们看到了武术跻身奥运大家庭的可能性。也就是在这一时期，国际武联明确提出，要让武术在 21 世纪初期成为奥运会竞赛项目，并为此对现有的竞技内容、竞赛规则等进行重新讨论。此时，已经是奥运会项目的体操、马术、拳击、花样滑冰等也正致力于修订各自的评价体系从而减少误判，使得比赛的结果更加公正、客观。至 2004 年，拳击与花样滑冰均采取了计算机辅助评分的方式，而这一方式获得了时任 IOC 主席雅克·罗格的推崇。[①] 此后体操项目于 2006 年废除了其沿用了 57 年之久的满分 10 分的评价体系，并开始研发 3D 激光传感器等辅助评分系统（这一系统于 2017 年体操世锦赛中首次投入使用）。[②] 总体而言，进入 21 世纪后，国际

① Rogge wants judging to improve [N/OL]. Associated Press，（2021 – 05 – 31）[2022 – 07 – 08]. https：//www. espn. com/olympics/summer04/gymnastics/news/story？id=1868947.

② The International Gymnastics Federation and Fujitsu collaborate on building a judging support system for Artistic Gymnastics competitions [EB/OL]. （2021 – 5 – 31）[2022 – 07 – 08]. https：//www. gymnastics. sport/site/pages/judges-support. php.

体育的趋势在于追求比赛结果的公平性和客观性，这也将成为武术竞技化、国际化的发展新方向。在此背景下，《国际武术套路竞赛规则》诞生了。

2002 年国家体育总局武术运动管理中心联合中国武术协会在 1996 年版规则的基础上，发布了新规则的试行版。主要变化如下：1. 评分规则进一步细化。裁判员被划分为 A、B、C 三组分别负责动作质量（5 分）、演练水平（2分）、难度（3 分）的评分。2. 简化了动作规格的常见错误和扣分标准。如自选项目仅规定了 6 类 17 项错误内容，而 1996 年版中仅长拳就有 9 类 53 项错误内容。3. 演练水平的量化。按照劲力、节奏、音乐等分为 3 档 9 级。4. 难度分值大幅提高。难度划分为"连接难度""动作难度"和"抛接难度"三个类别。每个类别又分为 A、B、C 三个等级。这些变化大幅度提高了评判过程中的可操作性，增加了武术套路评分的客观性与公正性。可以说契合了当时国际体育的发展趋势。

新规则试行版发布后，日本武术联合会随即邀请中国武术代表团赴日访问。2003 年 7 月，中国武术代表团按照新规则试行的要求在东京进行了表演。然而，在观看了代表团的表演后，日本武联认为新规则试行版过于强调难度动作，导致武术套路失去了传统的风格。随即日本武联对当天在场的观众、选手、裁判进行了问卷调查。结果表明对偏重于难度动作的套路表演持否定态度的比例高达 85.9%（2020 人），而赞同的比例仅为 14.1%（332 人）。翌日在东京召开的国际武联技术委员会上，日本武联公布了调查结果，并提出以下三点修改意见①：1. 新规则试行版中的难度动作过高，极易造成运动员的伤病。建议降低动作难度等，实现阶段性的发展；2. 当前的难度动作与体操等过于类似，致使各个套路的特征及风格缺失。希望经过研究后，加入具有武术自身风格特点的难度动作；3. 满分 10 分的分配建议改为动作质量（A组）为 5 分、演练水平（B 组）为 3 分、难度（C 组）为 2 分。经讨论，日本武联提出的修改意见被基本接纳。国际武联委托中方对新规则试行版进行修订，并计划于同年 11 月在澳门举行新一轮的技术委员会商讨出台《国际武术套路

---

① 2008 北京五輪に向けて新国際競技ルールの策定すすむ[Z]. 武術太極拳，東京：武術太極拳雑誌，2003：5.

竞赛规则》。此后，为了国际武联和中方便于开展修订工作，日本武联制作了修订意见书，并于 2003 年 9 月提交至国际武联。同时提交修改意见的还有日本以外的其他三个国家。然而，同年 11 月在澳门举行的国际武联第十届技术委员会上，中方提出的修订版本中仅反映了日方修订意见书中 1 成左右的内容。① 针对这一结果，日本武联表达了强烈的不满。日本提出修订新规则试行版的主要原因有二：其一，是关于中国与其他国家之间存在的技术差距的担忧。此次中方制定的新规则试行版以及后续的修订均是以国内竞赛的现状为基础的。中国选手代表了国际最顶尖的技术水平。如果直接把中国国内试行的规则原封不动地平移至国际比赛，势必会导致世界各国与中国之间产生巨大的差距，这一差距不利于武术套路未来在国际上的普及。其二，是关于武术套路的风格缺失的担忧。日本武联在国际武联技术委员会上屡次强调，新规则试行版使得选手的技术动作倾向与对高难度的追求，这导致了武术套路原有的技击特点及传统的动作风格出现缺失。这也是日本武联提交的修改意见书中要求删除包括"后抱腿直立""原地后空翻""器械抛接"等危险且与武术运动无关的难度动作的原因。

经过国际武联第十届技术委员会激烈的讨论，最终决定了以下内容：1. 2005 年莫斯科武术世锦赛之前，国际规则以试行版的形式出台；2. 本次会议中的修改意见将委托中国的武术专家进行再次修订；3. 增加低等级（A 级、B 级）难度的数量、提高连接难度的分值、器械抛接等难度不予以硬性规定等。2003 年 12 月，中国向国际武术联合会提交了第二次修订的版本。此次修订中按总则（包括竞赛通则、评分方法与标准等）与附则（包括动作规格及扣分标准一览表、难度动作一览表等）进行了区分，其中难度动作一览表按竞赛项目分别罗列。这些改进增加了规则的可读性，同时也为今后规则的修订提供了便宜。此外，在演练水平的评分标准中还增添了对主要动作的规定，必选的主要动作缺少时会被扣除相应的分数。这在一定程度上确保了武术套路的技击特点及动作风格得以存续。然而这次修订依然有不完善之处。如，虽然长拳类项目的低等级难度动作数量有所增加，但原本难度动作数量不多的南拳类

---

① ［日］石原泰彦. 新国際競技ルールの策定 大詰めを迎える［Z］. 武術太極拳，2003.

项目及太极拳类项目没有任何改变。此外连接难度的分值也未见提高。鉴于这些问题的存在，日本武联代表于12月底紧急来华，要求再次召集技术委员会继续商讨国际规则的修订。同时日本武联还向国际武联技术委员会提交了他们的第二版修订意见书。

2004年2月，在北京召开了国际武联第十一届技术委员会。会议主要探讨了日本武联提出的修订意见。最终，表3.1中(1)(3)(4)各项均被采纳。(5)中对②、③、④、⑤四个动作进行了不同程度的修改或降级，而后抱腿直立曾在南拳中出现，因此认为其不属于武术动作的理由并不成立，故保留在了规则之内。至此国际规则的制定告一段落。新制定的国际比赛规则于2005年10月在澳门举行的东亚运动会武术比赛中首次投入使用。同年11月，国际武术联合会正式公布了《国际武术套路竞赛规则》。

表3.1　日本武联修订意见书中的主要内容

主要修改建议
(1)建议2005年在莫斯科举行世界武术锦标赛上仅允许A级、B级难度动作的选用。
(2)建议难度分值2分，由现行动作难度＝1.4分，连接难度＝0.6分，修改为动作难度＝1.6分，连接难度＝0.4分。
(3)建议各级连接难度分值增加0.05分。即A级连接难度＝0.1分，B级连接难度＝0.15分，C级连接难度＝0.2分，D级连接难度＝0.25分。
*(4)建议增加太极拳、太极剑，以及南拳、南刀、南棍等项目难度动作的数量。
(5)建议删除以下危险动作或不属于武术的非规范动作。
①后抱腿直立②原地后空翻+双蝶步③单挑后空翻+单蝶步④抛+抢背+接⑤抛+摆莲360°+接

*其中关于(4)，日本武联附有详细照片动作说明。其中包括A级动作难度(太极拳1个)、B级动作难度(太极拳1个)、A级连接难度(太极拳、南拳各1个)、B级连接难度(太极拳3个、南拳2个)。

出处：笔者制作

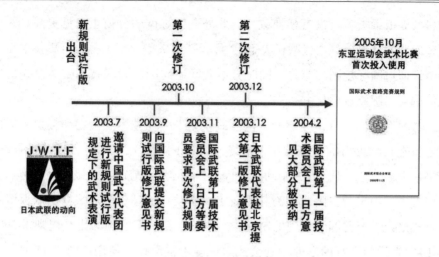

图 3.1 《国际武术套路竞赛规则》的制定过程

出处：笔者制作

武术的竞技化发展进一步促进了这项古老运动在全球范围内的传播，这种普及化发展对于促进民族文化的传播也具有积极意义，有助于提升中华民族的文化自信和文化认同。不过，需要注意的是，更广泛的普及往往会伴随着更剧烈、更多样的文化变容。事实上，并不是所有的变容现象都能被接纳和认同，因此，只有了解了这些文化变容的历程及背后缘由，才能更加从容地对它们进行接纳或摒弃，从而实现民族文化创造性表现和创新发展。

二、希日木竞技化

在新中国成立前夕，延边地区人民在中国共产党的领导下，为了纪念抗日战争取得胜利，于 1948 年就开始有组织地举办少数民族传统体育活动。1952 年延边朝鲜族自治区成立。根据 1954 年颁布的《中华人民共和国宪法》中共吉林省委和吉林省人民政府决定将延边朝鲜民族自治区正式更名为延边朝鲜族自治州①，并于 1955 年 4 月获得国务院批准，更名后的延边朝鲜族自治州，由官方主办的规模最大的希日木比赛出现在延边州运动会上。赛事名称

---

① 延边日报. 延边朝鲜族自治区(州)的成立[N/OL]. (2022-06-01)[2023-08-19]. https://www. sohu. com/a/553184955_ 121106822.

仍使用汉语叫法——"朝鲜族摔跤"。在当地发行量最大、历史最久的报纸是《延边日报》，通过田野调查，深入延边日报社的档案室，笔者查阅了自 1948 年创刊以来的，一直到 2019 年 9 月的《延边日报》，确认了延边州运动会从第一届至今，希日木在赛事中的具体信息(见表 3.2)。

表 3.2　希日木在历届延边朝鲜族自治州运动会中的称谓统计

届数	时间	地点	称谓
第一届	1948 年 8 月 15 日	延吉市	朝鲜族摔跤
第二届	1949 年 8 月 17 日	延吉市	朝鲜族摔跤
第三届	1950 年 8 月 17 日	延吉市	朝鲜族摔跤
第四届	1951 年 9 月 4 日	延吉市	朝鲜族摔跤
第五届	1952 年 9 月 25—28 日	延吉市	朝鲜族摔跤
第六届	1953 年 9 月 3 日	延吉市	朝鲜族摔跤
第七届	1954 年 9 月 4 日	延吉市	朝鲜族摔跤
第八届	1962 年 9 月 3 日	延吉市	朝鲜族摔跤
第九届	1979 年 9 月 3 日	延吉市	朝鲜族摔跤
第十届	1982 年 8 月 30 日—9 月 4 日	延吉市	朝鲜族摔跤
第十一届	1984 年 10 月 1 日—3 日	延吉市	朝鲜族摔跤
第十二届	1987 年 9 月 3 日—5 日	延吉市	朝鲜族摔跤
第十三届	1992 年 8 月 31 日—9 月 3 日	延吉市	朝鲜族摔跤
第十四届	1997 年 9 月 4 日闭幕	延吉市	朝鲜族摔跤
第十五届	2002 年 9 月 3 日—7 日	延吉市	朝鲜族摔跤
第十六届	2005 年 8 月 28 日	龙井市珲春市合办	朝鲜族摔跤
第十七届	2009 年 8 月 23 日—24 日	安图县	朝鲜族摔跤
第十八届	2013 年 8 月 28 日	龙井市	朝鲜族摔跤
第十九届	2015 年 9 月 23 日	敦化市	朝鲜族摔跤
第二十届	2017 年 8 月 28 日	汪清县	朝鲜族摔跤
第二十一届	2019 年 8 月 18 日	珲春市	朝鲜族摔跤

资料来源：自《延边日报》(1948—2019)中析出

吉林省从 1993 年开始举办全省少数民族传统体育运动会，每四年一届。（表 3.3）

表 3.3　历届吉林省少数民族传统体育运动会中希日木的举办情况

届次	时间	开催地	希日木名称
第一届	1993 年 8 月	龙井市	朝鲜族摔跤
第二届	1997 年 9 月	前郭尔罗斯蒙古族自治县	朝鲜族摔跤
第三届	2001 年 8 月	吉林市	朝鲜族摔跤
第四届	2005 年 8 月	长春市	朝鲜族摔跤
第五届	2009 年 8 月	四平市	希日木
第六届	2013 年 8 月	龙井市	希日木
第七届	2017 年 8 月	松原市	希日木
第八届	2021 年 8 月	白山市	希日木

资料来源：自吉林省民族宗教委员会资料中析出

在全国规模的少数民族体育赛事中，全国少数民族传统体育运动会是规模最大，级别最高的少数民族体育赛事。在 1953 年 11 月 18 日举行了第一届全国少数民族传统体育运动会，之后每四年举行一届，到现在共计举行了十一届。作为民族式摔跤的比赛项目，希日木作为表演项目出现在第一届全国民运会上。但是，在参赛类别和项目名称方面发生过调整（见表 3.4）。2005年，经延边州体育局多次申请，最终经国家民族事务委员会和国家体育总局批准，朝鲜族希日木在全国少数民族传统体育运动会上由表演项目转为竞赛项目，并于 2007 年第八届全国少数民族运动会中正式开始执行。2011 年以来，该项目在少数民族传统体育比赛中的名称已由"朝鲜族摔跤"改为"希日木"。延边州体育局的金虎峰提到，在全国少数民族传统体育运动会中，竞赛项目民族式摔跤包括其他几个民族摔跤项目，这些项目都是以本民族语言的汉语发音命名的。因此，为了方便区分不同民族式摔跤的名称，突出朝鲜族摔跤特色，使人们能够对朝鲜族摔跤的印象更加深刻，所以采用与朝鲜族语言同样发音的汉字"希日木"来命名。

表 3.4　全国少数民族传统体育运动会时间表

届数	时间	主办地	民族数	参赛人数	竞技项目	表演项目	希日木名称	希日木类型
一	1953	天津	13	395	5	414	朝鲜族摔跤	表演项目
二	1982	呼和浩特	55	593	2	68	朝鲜族摔跤	表演项目
三	1986	乌鲁木齐	55	777	7	115	朝鲜族摔跤	表演项目
四	1991	南宁	55	1500	9	120	没参加	
五	1995	昆明	55	3300	11	129	朝鲜族摔跤	表演项目
六	1999	拉萨	55	1000	4	43	没参加	
		北京	34	2626	10	114		
七	2003	银川	55	4900	14	126	朝鲜族摔跤	表演项目
八	2007	广州	55	6000	15	150	朝鲜族摔跤	正式比赛
九	2011	贵阳	55	6700	16	186	希日木	正式比赛
十	2015	鄂尔多斯	56	6240	17	178	希日木	正式比赛
十一	2019	郑州	56	7009	17	194	希日木	正式比赛

资料来源：第一到十一届全国少数民族传统体育运动会资料中析出

对于希日木成为全国少数民族传统运动会正式竞赛项目的过程：希日木项目经历两次申报，最终得以实现加入竞技项目的环节中。第一次申请是在20世纪90年代初期，当时向国家民族事务委员会和国家体育委员会提出申请的朝鲜族项目是跳板与希日木两个项目，最终通过审查的只有朝鲜族跳板。第二次申请是在2001年6月，经过前次失利，延边州在这一次申报过程中做了充分的准备，邀请了希日木运动员、裁判员、体育管理部门负责人员一起协商申报办法，通过讨论，严格按照国家民委和体育总局的要求执行。而此次申报，着重突出了希日木所具备的竞技功能和赛事普及程度。申请书原文中写道：

朝鲜族摔跤(希日木)是朝鲜族特有的民俗体育项目，仅在男子之间进行比赛。每年端午节、中秋节和各类运动会的举办，朝鲜族摔跤都是压轴项目。朝鲜族摔跤运动对场地要求十分简单，沙地、草地、农耕地都可以进行。朝鲜族摔跤项目规则便于掌握，容易推广和学习。为弘扬民族体育文化，促进各民族间团结交流，丰富民族竞技体育文化内涵，提高民族式摔跤的运动水平，恳请省民委、省体育局协调有关部门，促成朝鲜族摔跤列入全国少数民族传统体育运动会竞赛项目。

2004 年，负责管理全国少数民族传统体育运动会的国家民族事务委员会和国家体育总局，联合颁布了新版《全国少数民族传统体育运动会竞赛项目立项暂行规定》。全国少数民族运动会的竞赛项目分为非常设项目和常设项目两类。非常设项目只在某一届全国民运会上出现，到了下一届民运会则会自动取消，需重新申请。从申报规则上推算，一个项目从申报常设项目工作启动，到被最终批准所需要的时间大约是 17 个月。在 2001 年 6 月，以延边朝鲜族自治州为代表向国家民委和体育总局提出申请转正希日木。2005 年，被正式批准成为全国少数民族传统体育运动会常设竞赛项目，历时近四年。

1979 年，第一部中国朝鲜族摔跤（希日木）规则诞生。当时中国刚刚结束"文化大革命"，举国上下都将焦点集中在恢复生产和建设上。延边朝鲜族自治州推行全面恢复体育事业发展的系列举措，率先发展的就是朝鲜族传统体育运动。1979 年，延边州体育运动委员会组织希日木相关人员，以及延边大学的希日木运动员共同协商，制定了中国第一部希日木比赛规则。1985 年延边州建成了可容纳 4.8 万人的体育场，这是当时全国第二大的体育场，后续多次朝鲜族大型体育活动都在这座体育场内举行。[①] 随后，希日木规则在 1995 年做出了首次调整。时任延边州体育局副局长的金虎峰谈到，20 世纪 90 年代初期，延边州作为中国唯一的朝鲜族自治州，代表全国的朝鲜族人民向国家申请，希望将希日木从全国少数民族传统体育运动会表演项目发展为正式竞赛项目。但是，由于当时对规则只是进行了部分修改和调整，在前期考察和论证工作并不充分的条件下，没有做出实质性的修改，因此，本次申请没有获得批复。一直以来，中国希日木采用的是胳膊穿过对方腿部摔跤带的方式进行比赛，这种形式主要承袭了朝鲜半岛北部传统的希日木形式。到了 20 世纪 80 年代末 90 年代初期，延边地区的体育竞赛活动得到了广泛的开展，

---

① 延边州史志编纂委员会. 延边州志[M]. 北京：中华书局，1996：138.

越来越多的比赛得到开展，从客观上也推动了希日木在规则上的逐渐改进。[①]

希日木规则在 2001 年进行了第二次更新。之所以进行修改，究其原因是普及推广度没有达到预期高度。在延边州，从事开展朝鲜族运动会的人们开始重新讨论规则的改进，目的是使朝鲜族运动会更适合全国少数民族运动会的需要。经过讨论，大家一致认同将中国希日木一直用腿带的形式进行修改。为此，借鉴了韩国希日木的形式，将带子既缠绕在腿部，又缠绕在腰部，这也是传统"左希日木"的形式。采取这一变化主要是因为当时全国少数民族运动会允许除汉族以外的其他民族运动员参加比赛，以前朝鲜族一直使用腿带方式从事其他跤种，在比赛过程中腿带经常脱落，没有起到限制运动员动作的作用。大部分从事过其他跤种的摔跤运动员在腿带脱落后的较量中表现得比较出色，对于朝鲜族运动员来说并没有起到合理利用规则的效果。

而"左希日木"的形式反而能够避免这种情况发生。在比赛中，朝鲜族运动员可以很好地利用带子缠绕的技巧和手法，有效运用规则。2005 年，重新修改后的希日木规则通过层层审查（见表 3.5），在 2007 年第八届全国少数民族传统体育运动会上成为竞赛项目。

表 3.5　中国希日木规则主要变化

年份	1979	1995	2001
场地	直径 8 米	直径 9 米 厚度 0.5 米 无保护区	直径 8 米 厚度 0.7 米 保护区 1.5 米
摔跤带	无	颜色不同 2.5 米长 棉质	红、蓝色 3.2 米 棉纺织
服装	无领、无袖 上衣、长裤 赤脚、无配饰	背心、短裤 摔跤鞋或赤脚	赤膊、短裤 赤脚、无配饰

① 金哲雲. 中国朝鲜族シルムの変容に関する研究[D]. 筑波：筑波大学体育研究科，1989.

年份	1979	1995	2001
量级	60 公斤以下	52 公斤	52 公斤
	60~65 公斤	57 公斤	62 公斤
	65~70 公斤	62 公斤	74 公斤
	70~75 公斤	74 公斤	87 公斤
	75 公斤以上	90 公斤	87 公斤以上
平局处理	无	延时 5 分钟	三局二胜制中，第一局决出胜负，第二局因时间到成平局，则先胜者胜。第一局成平局，则第二局比赛胜者胜。如果前两局出现平局，则以第三局比赛判定胜负。前三局平局时：受罚（劝告和警告）次数少者列前。体重轻者胜。
运动员权利	无	无	允许弃权和申诉

资料来源：笔者制作

希日木按照带子缠绕方式分为4种形式，分别是：左希日木、右希日木、腰带希日木、腿带希日木。由于朝鲜半岛北部较为常见的是腿带希日木，因此，在中国朝鲜族聚居的大部分地区，朝鲜族人们一直推行的也是腿带希日木，直到2005年左右，由于规则的修改，腿带希日木才逐渐被流行于韩国的左希日木所取代。但是，在延边州内希日木老年组的比赛中仍然沿用腿带希日木。在希日木规则调整的过程中，主要变化出现在以下几个方面。

1. 在场地设置方面。竞技化发展前的希日木主要以休闲和娱乐功能为主，因此场地选取没有固定要求，较为普遍地反映了朝鲜族农耕社会的文化背景，在田间和耕作场地可直接开展。而竞技化发展后的希日木，1995 年修订的规则中直接使用了中国式摔跤场地的布局和尺寸。2001 年规则再次修改后，效仿了韩国希日木联赛的场地布局和尺寸。

2. 希日木服装和摔跤带（satba）。摔跤带是作为希日木与其他形式摔跤区别的一个重要特征，除了使用方法不同，其本身的颜色也随之产生了相应变化。以往的希日木选手所穿的衣服和带子都是白色的。这是因为历史上东北地区的朝鲜族人很大一部分是从朝鲜咸镜道迁移而来的农民，他们习惯身着白色民族服饰，故被称为"白衣民族"。王锡祺（1855—1913）是清光绪年间的编辑家，在他编辑的《小方壶斋舆地丛钞》中收集了清代吴钟史撰写的《朝鲜风土略述》，其中对于朝鲜半岛平民的衣着，有这样记载"士民平日之衣皆白色，如华人之守孝者"①。在延边朝鲜族自治州博物馆里模拟朝鲜族农耕场景的画面中，朝鲜族劳动者皆身着白色民族服装在田间劳作。探究其原因，是与东北亚地区深受儒家文化影响有关。日本早稻田大学体育人类学教授寒川恒夫在 2014 年 7 月的一次公开讲座中谈道，孔子的经典著作《大学》中提道"修身、齐家、治国、平天下"，在日本人的传统观念中"修身"在衣着的体现上就是白色，所以日本传统柔道的道服是白色的，后来由于柔道的国际化发展，为了能够区分不同代表队的运动员，所以将道服的颜色进行了区分，而这一过程在当时的日本还引起了不小的轰动，不少传统柔道人士纷纷表示，如果这样修改将破坏传统摔跤的文化内涵。1392 年，朝鲜王朝在朝鲜半岛建立。儒家思想在当时是其治理国家和教育人民的主导思想。朝鲜王朝时期社会底层劳动者的希日木带子为白色，随时间推移，带子颜色会变深发黄，显得污浊。在当时人们的认知中，常常理解为该选手具有较高水平的希日木技能。② 时至今日，由于中国希日木着重发展竞技化赛事，所以带子颜色也随之发生变化。在此过程中，中国希日木规则借鉴了韩国，同样使用了红色和蓝色区分。但是，韩国在颜色区分上的文化依据，是在挖掘其历史背景后得出的：在朝鲜半岛三国时代（高句丽、新罗、百济），朝鲜半岛深受佛教和道教文化的影响，佛教在 4 世纪末被传播到高句丽和百济，到达新罗是在 5 世纪。道教传播到朝鲜半岛是在 7~8 世纪。以道家太极文化为主的红色和蓝色，目前在韩国希日木文化中已根深蒂固。同样，以太极为元素的韩国国旗，中央的太极"阴阳鱼"就是用红色和蓝色来区分的，也就是中国人通常所理解的"阴阳"。使用蓝

① 吴钟. 朝鲜风土略述[M]. 上海：上海著易堂印行，1877：10.

② Christopher A. Sparks. Wrestling with Ssireum: Korean Folk Game vs. Globalization[D]. Submitted to the Office of Graduate Studies of Texas A&M University, 2011.

色和红色的带子正是因为受到道教"阴阳"的思想影响。在韩国希日木职业联赛设立及推广过程中，希日木通过象征性的颜色，意图起到促进国家团结和民族认同的作用。①

3. 在竞赛级别、平局处理、运动员权利方面。现代希日木基本上延续了现代竞技体育赛事的模式进行调整，以期达到较为突出的竞技化效果。

三、突出技巧与表现性的朝鲜族秋千和跳板运动

近些年我国提出了民族传统体育文化"积极倡导、加强领导、改革提高、稳步发展"的 16 字方针。朝鲜族聚居区积极贯彻国家方针，推进摔跤、跳板、秋千等运动，秋千受到领导人的高度重视。在 1979 年延边州民族体育项目表演比赛中，运动员张美子在秋千 7. 10 米高度比赛中触玲 29 次，获得第一名。1982 年，希日木、秋千等传统体育项目被纳入中小学体育课程教材中。同年，在全国第二届少数民族运动会(以下简称"民运会")上，跳板和秋千作为表演项目出现。1984 年全州第一届中学生希日木、跳板、秋千运动会在会场举行，可见秋千运动对学校体育的开展具有明显的效果。这一时期是秋千运动恢复的时期，比赛规则进一步细化，判定标准进一步明确，在学校体育中也有一定程度的开展。1986 年 2 月，国家体育委员会发布了《秋千竞赛规则(草案)》。同年，第三届全国少数民族传统体育运动会在新疆维吾尔自治区举行，秋千成了正式竞赛项目，并一直持续到现在。经过第三届全国民运会项目类型的转变，朝鲜族更加注重秋千运动的发展。其他少数民族也纷纷加入秋千比赛中来，朝鲜族聚居区政府还设立了民族体育重点学校，每年举办各种运动会，推动改进秋千运动技术，使秋千运动的竞技化特征更加突出。秋千的竞赛规则要求，参赛选手必须将头发盘起并扎紧固定在脑后部，穿紧身衣裤等。这也说明，在正式的全国竞技大会上，秋千竞赛是不允许穿着民族服装出场的。在朝鲜族地区举行的民族庆典上才允许穿着民族服装表演秋千项目，用来表演和展示朝鲜族文化。但是，现在在延边朝鲜族自治州以内，秋千比

---

① Christopher A. Sparks. Wrestling with Ssireum: Korean Folk Game vs. Globalization[D]. Submitted to the Office of Graduate Studies of Texas A&M University, 2011.

赛一般出现在大型体育运动会中，在传统民族节日的庆祝活动中已经很少得见。据朝鲜族民俗记载，秋千架适宜高度为 10~12 米，秋千架之间底部距离为 3.5 米，上端距离 2 米。秋千的绳子分别系于秋千架上端的两根平行横木上，绳子接近地面的一端绑着脚蹬。脚蹬距离地面垂直距离为 0.80 米。绳子上距离脚蹬 1.30 米的位置，分别拴一个棉布制成的安全绳，在突发情况发生时可保护秋千选手安全。比赛时，选手两只手分别抓住安全绳，站立在脚蹬上，队友站在此名选手身后，两手抓住脚蹬，把秋千向前推送。然后，站在秋千上的选手双腿屈伸发力，控制秋千高度，当秋千达到一定高度时，用身体部位或脚触及悬挂的铃铛，铃铛发出声响次数最多一方为胜利。另外一种取胜标准是，只比秋千荡起的高度，谁更高谁就获胜。1982 年以前的朝鲜族秋千还未成为正式项目，只是作为表演项目在少数民族运动会上亮相，以此展现朝鲜族人民勇敢向上的拼搏精神。在成为正式竞技项目后，朝鲜族秋千不仅作为民族游艺活动，还成了一项具有竞技性的体育项目。比赛从刚开始的单人触铃项目发展到现在的 8 个单项：55 公斤单触/高度、双触/高度和 55 公斤以上单触/高度、双触/高度。

发展至今，朝鲜族跳板在全国少数民族传统体育运动会上仍然以表演的形式亮相，也未形成全国统一的竞技规则。跳板虽然不是正式的竞技项目，但是，发展到现在已经产生了多种表演和竞技化方式。在延边州内具有一定的代表性，大体可以分为两种表现方式：高度竞技和技巧竞技。中国朝鲜族的跳板从 19 世纪 80 年代开始出现了空中转体等类似体操的动作技巧。对于这种现象，研究者们开始讨论这是否超出了民族传统体育文化范围。通过田野调查拍摄的跳板表演画面，两名演者手中各自持有一个"呼啦圈"，而呼啦圈最早出现于 5 世纪的古代希腊。到 20 世纪 50 年代后半段，呼啦圈在北美地区经过改良成了人们健身锻炼的一种道具，由美国的 Wham-O 公司设计生产，20 世纪 80 年代后进入我国。由此可见，这种被用于跳板的道具，并不属于朝鲜族传统文化。但是，呼啦圈是在什么时候、由谁带入朝鲜族跳板运动中来的，至今没有定论。跳板的木板用弹性比较好的松木制成，长 4.5m—5m，宽 0.35m—0.40m，厚 0.50m—0.55m。跳板的中间位置垫有一块垫木，高 25m—30cm，长约 50cm。历史上在进行跳板活动时，由一名朝鲜族女性坐在木板中间起稳定作用。到现在，用铁轴把木板固定在垫木上。两人为一队，分别站立在跳板的一端，由其中一人先跳，下落时用脚蹬踏木板，将对方弹起。以两人跳跃的平均高度决定胜负。此外，跳板运动还要注意各种技巧和空中姿势，有翻滚向下、腾空而起、双腿展开、越身曲体、落地垂直等动作，挺胸展臂、落地合拢等姿态。跳板竞赛的成绩取决于两个人是否协调。有时他们一个唱歌、一个跳舞，一唱一和。跳板比赛更关注动作的标准、动作的难度、动作的姿势等。近年来，在以往竞赛的基础上，增加了比赛技巧，看谁能在腾空瞬间做出更难、更漂亮的动作。

多年以来，在党和国家民族政策的感召与关怀下，朝鲜族传统体育文化的传承空间和领域得到扩展。1953 年 11 月 8 日，朝鲜族秋千、跳板参加了在天津举行的全国民族体育表演及竞赛大会（1984 年在第一届全国少数民族传统体育会上被选为表演项目）。为庆祝 1954 年 9 月 3 日抗战胜利 9 周年及延边朝鲜族自治州成立 2 周年，全州 6 个县市和延边各地工厂、矿山、林业、人民解放军、学校等机构的运动员参加了秋千、跳板等项目。经济社会稳定的民族聚居区，搭配上适宜的民族发展政策，促进了朝鲜族传统体育的普及。朝鲜族秋千、跳板运动从单纯的传统文化习俗变成了深入人民生活的休闲娱乐活动。改革开放为我国各少数民族地区的经济发展提供了有利的机会，延边朝鲜族自治州也抓住了这一时机，迅速发展了地方经济。朝鲜族农村人口获得了新的经济收入，地区产业结构日益合理，促进了当地政府增加对民族传统体育场地设施的投入，基础设施的修复和新建促进了公众日常参与跳板等民族传统体育项目。2005 年改造延边朝鲜族民俗公园，将其发展成为集休闲、观展、娱乐、度假为一体的民俗旅游胜地，设置了跳板项目营业场所。[①]

四、从古代朝鲜射艺文化逐渐演进的朝鲜族弓箭竞技

迁移至中国东北一带的朝鲜人，古时被称之为东夷族。从字面结构观察东夷的"夷"字，是"大"与"弓"二字的组合。民间对其引申含义的理解是生活在东边善射弓箭的民族之意。朝鲜族弓箭是朝鲜半岛各个时期都较为重视的

---

① 韦晓康. 当代中国体育人类学研究的发展趋势[J]. 体育学刊, 2016, 23(03)：28-32.

武艺，在各朝代都有关于弓箭竞技和褒奖的记载。朝鲜半岛三国时期，弓箭被列为国民教育的重要科目和人才选拔的重要依据。因此，在该时期，弓箭成为国民和军事训练的有效手段，射箭习俗由此形成。高句丽作为扶余的一个派系，按照扶余的习俗，擅长射箭的朱蒙成为领袖，并将经书和射箭视为国民教育同等重要的内容，全体上下实施习射教育。新罗元圣四年（788 年），设立了读书三品课，令文武官吏分开进行科举考试。元圣王之前的新罗国虽然科举制度没有文武之别，但弓道仍然是选拔人才的重要内容之一。从上述史料中可知，在新罗国，箭术既是选拔人才的一种重要工具，也是官员展示自己技艺的一种重要方式，射术大赛的冠军将会获得大量的奖赏，从而推动了箭术的发展。高丽时期，武学盛行，国王本人也会参加将军级别的箭术竞赛，在平壤和开城两京的军官们也举行长期的射箭练习。在高丽国显宗时期，皇帝每周都会在东西郊举行一场箭术竞赛，选手为年龄在六十岁以下的四品以上官员。高丽玄宗皇帝专门设立了射箭训练场，供军队士兵和平民学习射箭，谁射中了红心，谁就会得到奖励。高丽国每年年终农闲期都有"六衙日"①，召集官民习射或射弩，并选拔其中的优胜者给予增加俸禄或晋升官职的褒奖。高丽国睿宗十一年（1115 年），第一次举行了武科科举，但来参加科举考试的人却不多。为了改善这种现象，起到振兴武学的目的，策论考试成绩略差者，如果弓箭考试成绩高的话，也可以被聘用。李氏朝鲜朝时期的武科科举自开国初期实施。太祖李成桂六年（1397 年）在义兴三军府②增设舍人所，并召集官吏、闲良人的子弟、孙子、侄子、女婿（15 岁以上的青少年）等，安排六学教导官教授六学，包括律学、书学、医、经学、兵学、射。田园农舍人家学子们学习成绩达到一定水平时可晋升为官吏。

古代朝鲜历朝历代对于武科科举制度的不断完善，以及人才选用体系的逐渐强化，客观上为朝鲜族传统弓箭的规范化发展打下了坚实基础，有力地促进了传统弓箭传承体系的发展。朝鲜族射箭运动发展到今天，主要有团体和个人两种形式。团体赛一共有七个人，其中五个人的总分是团体赛成绩（也

---

①　六衙日是中央政府官吏和地方官吏，在皇宫里和地方官府内开早会的日子。高丽国和朝鲜朝的初期，每月有六天的衙日，后又改为四天。

②　义兴三军府是李氏朝鲜初期通管军务的官庭，世祖十年（1464 年），该官庭改名为五卫都总府。

有五个人参加)。单人赛有不同年龄、性别、段位的选手；也有和没有段位的混合组，升段比赛等。每个人的射箭轮数都不一样，分为三轮、五轮、九轮，每个人都会射出五支箭矢。朝鲜民族箭术在145米的射击项目中，使用多个靶子，不设特定的圈数。在连续射箭之后，谁的命中率高，谁就是胜利者。近几年，为使朝鲜民族传统的弓箭运动走向大众化、国际化，朝鲜传统的射箭运动开始尝试30、50、70、90、110米的团体比赛。

第三节　中国朝鲜族传统体育文化的观光化发展

汉语的"文"和"化"首次出现在先秦时代《周易·贲卦》。后世《北齐书·文苑传序》中的"文化"是指精神教化。西汉时期《说苑·指武》里的"文化"是道德教化。① 积极的文化可以规范人们的行为，形成新的社会习惯，使人为之改变②，文化可以促使人们在传承过程中创造丰富的文化资源。"资源"可以理解为是人类在社会活动中从事的所有生产行为和生活实践的必要基础条件③。可见，经济社会的发展离不开资源，以旅游观光产业为主要增长点的第三产业，其发展更离不开文化资源的支撑。2017年，原国家旅游局在全国发行《全域旅游示范区创建工作导则》，推动文化资源与体育旅游观光产业融合，稳步提升第三产业。2021年2月，各部门联合发行《冰雪旅游发展行动计划(2021—2023年)》，明确提出以2022年北京冬奥会为有利契机，增加冰雪旅游产品的社会供给，促进冰雪旅游产业的高质量发展，更好地满足人民群众冰雪旅游消费需求。我国东北地区居住的少数民族数量众多，表现为大杂居、小聚居的多民族分布特征。依靠民族文化和自然地形等特点，东北地区少数民族创造了多样性、活态化及特色鲜明的民族体育文化项目。从该地区的角度来看，各少数民族的传统体育文化现象均匀分布在东北三省和部分内蒙古

---

① 赵尔奎，杨朔著. 文化资源学[M]. 西安：西安交通大学出版社，2016：68.
② 马振庆，肇启新. 东北人性格特征与油画风景的地域性[J]. 黑龙江民族丛刊，2016(02)：159-162.
③ 吕华岚，孙瑶，白原. 论现代化进程中东北地区少数民族文化传承与经济发展[J]. 辽宁经济，2019(30)：70-71.

地区。从文化角度来看包括宗教文化、民族和民俗文化、社会文化、劳动文化等。从代表性项目来看，黑龙江省讷河市和内蒙古自治区的鄂温克族冬季体育具有早期农牧文化的特点。① 蒙古族擅长射箭、布木格、赛马、赛骆驼、搏克等体育运动。地区环境赋予了蒙古族、鄂伦春族、鄂温克族粗犷豪放的文化形象，依靠生活和生产劳动形成了特色体育文化形式。满族、朝鲜族项目更具娱乐性，是女性和青少年喜欢看的休闲体育活动。少数民族体育项目、体育节日、体育舞蹈、祭祀活动等体育文化资源涵盖竞技体育和休闲体育。多种文化资源可以为参观者提供观赏性、娱乐性、竞技性相结合的观光旅游体验。根据2019年全国各省份旅游收入统计，体育观光旅游发展较好的云南、河北等省份旅游收入均超过9千亿元。放眼全球，发展冬季体育旅游的国家和地区依托文化资源可有效弥补自然资源短板，实现文化资源推动创新发展和升级发展。近年来，多个国家的政府推出了"旅游立国"发展战略，如北欧国家、日本、埃及等，期望充分发挥文化资源对经济环境的优化功能、对相关产业升级的促进功能。从经验借鉴的角度观察，中国朝鲜族人群分布较西南地区众多少数民族存在差距。但是，从历史背景、自然环境、社会结构等角度出发，却具有独特优势。加之朝鲜族族文化资源类型丰富，表现形式多样，与得天独厚的自然资源相融合，必定会产生意想不到的"化学反应"。我们要将地域文化资源与体育旅游产业有机融合，为民族体育文化旅游提供可靠保障，实现文体旅全面发展。

一、中国朝鲜族传统体育观光化发展的背景

2006年延边朝鲜族自治州旅游局发布了《延边朝鲜族自治州旅游业发展战略及重点项目研究》，将延边州旅游资源概括为山水类文化旅游资源和人文类文化旅游资源两大类。山水类文化旅游资源包括三个组成部分：（1）地文景观类文化旅游资源。（2）水文景观类文化旅游资源；（3）生物景观文化类旅游资源。人文类文化旅游资源由以下四部分组成：（1）遗址和遗址类文化旅游资源。（2）建筑设施文化旅游资源；（3）旅游产品；（4）人文活动、文化旅游资

---

① 李孟华，宋君. 鄂温克族体育研究[J]. 体育文化导刊，2015(12)：66-69+78

源。朝鲜族传统体育项目归属于人文类文化旅游资源。时任延吉市旅游局副局长的王景春在采访中提道，延边州对旅游资源进行了分类，这是第一次。2007 年，延吉市旅游局邀请上海财经大学旅游管理专业的专家，共同编制了《延吉市旅游发展总体规划（2007—2020）》。根据《中华人民共和国旅游资源分类、调查与评价标准》（GB/T18972-2003）制定出延吉市旅游资源产品名录。朝鲜族传统体育项目被列在延吉市旅游资源当中。

延边州正式将朝鲜族传统体育作为旅游资源的标志性事件是 2000 年举办的"中国朝鲜族民俗文化旅游博览会"。延边州自成立以来，虽然曾经出现过朝鲜族传统体育项目与节庆活动相互关联的情况，但是，在"中国朝鲜族民俗文化旅游博览会"中首次将希日木以及其他民族体育项目作为独立环节。2005 年，举办了第二届中国朝鲜族民俗文化旅游博览会。此后，到 2009 年每年举办一届，2012 年后停办（见表 3.6）。

表 3.6　中国朝鲜族民俗文化旅游博览会一览

届次	时间	城市	具体内容
第一届	2000 年 8 月 9 日	延吉市	国际大学生登山邀请赛（长白山） 朝鲜族摔跤比赛 民俗舞蹈表演 民俗婚礼 民俗花甲庆典 民俗服装展 长白山观光游 图们江三国游（中国、朝鲜、俄罗斯）
第二届	2005 年 6 月、8 月	延吉市	民俗饮食展 延吉旅游文化商品展销 延吉旅游文化商品交易会 朝鲜族传统体育展示

续表

届次	时间	城市	具体内容
第三届	2006 年 7 月、9 月	延吉市	民俗歌舞晚会
			民俗婚礼表演
			民族服装展示
			民俗美食节
			俄罗斯文化宣传
			中俄摄影展
			长白山国际登山赛
			摩托车技巧比赛
			摩托车公路赛
			公路自行车赛
			马拉松比赛
			朝鲜族传统体育展示
第四届	2007 年 5 月—10 月	延吉市	"金达莱之夏"广场群众文化节
			民俗婚礼、花甲仪式表演
			民俗饮食展暨旅游商品展
			延吉旅游交易会
			少儿艺术节
			民族服装展
			端午节庆祝活动
			高尔夫球比赛
			中国国际旅游文化论坛
			中国南、北方交流经贸洽谈会
			全国少数民族首府城市市长会议
			延边朝鲜族自治州成立 55 周年纪念大会
			朝鲜族民俗书画、摄影展览
			朝鲜族摔跤邀请赛
			中国汽车拉力赛(延吉赛区)
			国庆节民俗表演

续表

届次	时间	城市	具体内容
第五届	2008 年 6 月	延吉市	中国北方旅游交易会 东北亚旅游商品展 东北亚旅游摄影展 民俗风情表演 朝鲜族饮食文化节 延边州内观光游 朝鲜族传统体育展示
第六届	2009 年 6 月、8 月	延吉市	民俗饮食和旅游商品展 高尔夫球比赛 国际投资贸易洽谈会 延吉国际投资贸易洽谈会饮食展 中国百城旅游宣传周(延吉分会场) 延边州以及延吉市饮食行业服务技能比赛 市民登山活动(帽儿山) 朝鲜族传统体育展示
第七届	2011 年 7 月	延吉市	旅游美食文化节 图们江投资贸易洽谈会 朝鲜族传统体育展示

资料来源：延吉市旅游局相关文件

　　2007 年举办的第四届延边朝鲜族民俗文化旅游博览会，是历届博览会中规模最大、设置环节最多的博览会。2007 年国务院颁布了明确旅游业发展的《东北地区振兴计划》，在 2007~2010 年间上升为国家战略。2009 年，国务院正式批复了吉林省政府提交的《中国图们江地区合作开发——长吉图开发开放先导区规划纲要》。其中现代服务业所占的篇幅最多，重点介绍特色旅游业的发展规划。位于长吉图开发开放先导区的延边朝鲜族自治州在该计划中承担着发展民俗旅游和边境旅游的主要任务。因此，从外部环境和时事发展的背景来看，国家政策促进了该地区旅游业的发展。目前延边朝鲜族自治州的民俗旅游和边境旅游已成为当地特色旅游产品。中、蒙、朝、俄 4 个国家的游客频繁在这个地区碰面。据《延边州年鉴》统计，自区域旅游业开展以来，从 1980 年到 2010 年三十年之间，延边州旅游总收入增长了近 66 倍。

"政府主导和民间助力"是朝鲜族传统体育走向旅游观光化的主要方式。但是通过观察，近年来诸如希日木等大型朝鲜族传统体育活动的发起时间主要是每年"九·三"州庆，或者"十·一"国庆，在传统节庆如端午节、中元节、秋夕节等中举行的相关活动规模较小。在 2012 年延边朝鲜族自治州建州 60 周年庆祝期间，举行了一系列具有朝鲜族特色的大型民族文化活动。通过贾法里(Jafari)在旅游人类学提到的"社会符号"(social semantic)观点来理解，旅游成为一种社会符号，建构并影响着人们的空闲时间。① 具有象征意义的社会符号长期存在并出现在人们的视野中，必然会对人们的认知和理解产生不同程度影响，随之而来存在着削弱民族文化本来特征的可能性，这与保护和传承民族文化的初衷相矛盾。因此，政府要进一步探索对民族文化的保护和传承，在容易形成民族认同感或国民认同感的基础上推进政务指导和服务。著名人类学家费孝通在《中华民族多元一体格局》中提道："中华民族"一词现在用于指中国领土上"具有民族认同感的 11 亿人民"。其中包括的 50 多个民族单位以多元构成了中华民族一体格局。② 构成"多元"的各民族要在民族区域自治制度的基础上，发挥好多元主体作用，促进"一体"格局的稳固发展。因此，作为朝鲜族人群应该在"民间助力"上继续下功夫，充分发挥区域自治的优势功能，使民族传统文化的传承和发展更加牢固。

2007 年开办了与以往相比规模更大的希日木比赛。比赛引入了冠名赞助商，这一行为标志着朝鲜族传统体育与旅游产业相融合发展。2007 年的中国朝鲜族摔跤邀请赛邀请了韩国青少年希日木业余选手。参加比赛的不仅有来自北京、天津、山东、黑龙江、吉林等地的业余选手，还包括新疆维吾尔自治区选派的少数民族运动员，共计 17 支代表队。2007 年，希日木比赛竞技组委会副主任李雪峰提到，该赛事首次以商业化赛事的形式进行，赞助商承担

---

① [美]纳尔逊·格拉本，越红梅，等，译. 人类学与旅游时代[M]. 桂林：广西师范大学出版社，2009：87.

② 费孝通. 中华民族多元一体格局[M]. 北京：中央民族大学出版社，1999：3.

了赛事筹备过程和运营过程的大部分经费，其余经费由延吉市相关机构承担。比赛对外开放，门票由赞助商印制，免费发给延边大学学生和延吉市各地区居民。代表吉林省参加全国少数民族运动会的朝鲜族摔跤运动员崔龙元说，在每场比赛中，观众席上几乎都坐满了观众。

延边州的旅游观光产业探索出了多种模式，推进了政策落实。朝鲜族传统体育项目也开始关注其文化属性以及传统文化的展示行为，朝鲜族传统体育项目在竞技化的基础上，又衍生出观光化的特征。2012 年和 2013 年两年，朝鲜族传统体育文化观光化发展速度最快，累计开展传统体育观光化活动 6 项。2013 年元旦期间，创造性地推出了雪地希日木比赛，这在朝鲜族希日木历史上尚属首次。此外，还承办了由韩国希日木联盟主办的职业希日木比赛，由中国、韩国、蒙古国、俄罗斯四国共同选派职业摔跤选手参赛。两年间，以传统体育为构成环节的朝鲜族观光活动数量迅速增加。究其原因，首先，自上而下的政策执行力强。这里主要体现为前文提到的 2007 年延吉市人民政府制定的《延吉市旅游发展总体规划(2007—2020)》，以及 2009 年中国国务院通过讨论并设立了"长吉图开发开放先导区"。其次，朝鲜族希日木自身发展的需要。全国少数民族运动会是我国少数民族体育项目的最高竞技舞台，该项赛事每四年一届。一项少数民族运动项目是否能够被列为全国民运会的正式比赛项目的重要指标就是，能够参与这项运动的少数民族人口数量及规模。虽然在 2007 年希日木被列为全国少数民族运动会的正式竞技比赛项目。但是，笔者在田野调查中了解到，目前在延边州能够掌握希日木运动技能的专业运动员人数却在逐年减少，所以，希日木需要借助广泛的宣传和具有观赏性的比赛来吸引外界关注。最后，促进地方经济的发展。中国朝鲜族民俗文化旅游博览会自召开以来，每届举办期间《延边日报》都刊登了关于博览会相关的报道，其中经济洽谈会签约成交的新闻以及来延边州观光的人数统计等有关的信息频繁地出现在报纸上。2017 年接待国内外游客 2 143.86 万人次，比上年增长 15.2%。其中，国内游客 2 084.60 万人次，增长 16.5%；国外游

客 59.26 万人次。全年实现旅游收入 404.99 亿元，增长 20.9%。① 自延边州
逐步发展特色旅游产业以来，旅游带动地方经济发展取得了明显成果。（见表
3.7）

表 3.7 1986、1996、2006、2016、2017、2018、2019 年延边州旅游产业发展统计表

年	总收入 （单位：亿元）	境内游客 （单位：万人）	境内收入 （单位：亿元）	境外游客 （单位：万人）	境外收入 （单位：亿元）
1986	—	—	—	0.03	0.01
1996	2.92	130.0	0.72	12.16	2.20
2006	30.25	316.6	26.21	21.40	4.20
2016	334.9	1 789.0	314.8	71.5	20.1
2017	404.99	2 084.60	387.10	59.26	17.89
2018	473.03	2 377.44	456.39	55.18	2.52（美元）
2019	555.34	2 694.80	537.47	56.58	2.65（美元）

注：资料来源：吉林省统计局

体育活动观光化的发展不仅带动了地方经济的发展，而且对朝鲜族体育
非遗物产项目的保护和传承也起到了积极的作用。从采访中得知，星洲体育
俱乐部在初期把培养竞技摔跤选手作为单一工作。后来通过旅游化发展希日
木，不仅带动了俱乐部的发展，还培养出了很多希日木优秀人才，全国少数
民族运动会民族式摔跤项目冠军也包括在内，为民族文化的传承发展做出了
突出贡献。

二、朝鲜族传统体育文化与观光化融合的推进方式

首先，率先推进文体旅融合发展。早在 1992 年延边朝鲜族自治州开展民
俗博览会期间，朝鲜族民族文化与民族传统体育及旅游活动就已初见端倪。
但是，由于经济发展的不平衡、不充分等因素影响，开展效果并不十分明显。

---

① 吉林省统计局. 延边朝鲜族自治州 2017 年国民经济和社会发展统计公报. 吉林省统计局官方
网站.［R/OL］.（2018-04-13.）［2023-08-19］. http：//tjj. jl. gov. cn/tjsj/qwfb/201804/t20180413_
5114035. html

进入 21 世纪以来，延边地区经济社会发展势头迅猛，由此产生了各种形式和主题的文旅活动。随着朝鲜族传统体育项目进入各级非物质文化遗产名录，以及在全国少数民族运动会中受关的注度逐年提升，延边州加大了对于民族传统体育文化传承发展的重视程度，进而将朝鲜族体育文化与文旅活动有机融合，形成了少数民族地区文体旅融合发展的新型模式。开发新的体育观光活动方式，运用体验经济手段，利用民族文化、体育形式等内容，制造相关的周边产品，为体育观光进行宣传。体育观光行业的发展，将会带动住宿、饮食等周边产业，有利于形成一条龙式产业链，方便游客的选择与出行，使游客获得更好的体验。

其次，提升体育观光产业相关人才综合素质。一方面是推动教育传导，另一方面建立健全人才培养体系，发展高素质的民族文化传承者。产业发展需要创新型、实践型、复合型人才，文化的传承更需要一代代传承人，不仅要注重人才数量的培养，更要关注综合素质的培养。朝鲜族地区第一应增加民族文化传承课程，对民族语言、民族特点进行讲授，并展示民族服饰，增加人们对民族文化的认识；第二，打造专业冬季体育观光团队，导游不仅要了解旅游基础知识，还要了解朝鲜族地区民族文化与体育项目，提升自身专业素质，将朝鲜族地区优点展示给观光者们。

最后，科学布局与精准施策并行。朝鲜族传统体育文化与旅游观光融合发展离不开科学布局规划与合理有效的政策引导。特别是在"绿水青山就是金山银山"以及"冰天雪地也是金山银山"的"两山理论"指导下，寻求绿色发展是未来我国文旅产业实现可持续推进的必经之路。延边朝鲜族自治州民族文化和表现形式多样，社会背景和人文风俗复杂。因此，需要格外关注地区群众的所想、所需、所求。加之地处东北地区，拥有传统农业发展优势和老工业基地背景，产业结构根深蒂固，在寻求改革出路方面，必须强化顶层设计。在政策落实方面，各个环节要紧密协调，建立畅通的可持续沟通机制，在适当情况下可以多方联动，形成实施、监督、宣传、保障相配套的运行模式，力争高质量实现科学布局与精准施策。

第四节　中国朝鲜族传统体育文化的节庆化发展

1962 年，成立 10 年的延边朝鲜族自治州举行了隆重的纪念及庆祝活动。9 月 3 日的《延边日报》头版头条用红色通栏"庆祝延边朝鲜族自治州成立十周年!"作为标题，介绍了庆祝"九·三"自治州成立 10 周年的体育运动大会，这次运动会除了包括秋千、摔跤、跳板等民族体育运动竞赛外，还有足球、篮球、排球比赛，运动员约 1100 多名。1962 年的州庆运动大会是目前可以查阅到的资料中，关于朝鲜族传统体育项目在节庆活动开展的最早记录。30 年之后的 1992 年，延边朝鲜族自治州举办首届"中国延边朝鲜族民俗节"。民俗节的开幕仪式在 8 月 31 日举行，距离 9 月 3 日延边州成立纪念日仅隔两天，由此可见民俗节是专门为迎接延边朝鲜族自治州州庆量身定做的。这是延边朝鲜族自治州第一次以"民俗节"的形式来庆祝建州纪念日。1992 年 9 月 2 日的《延边日报》刊登题为"中国延边朝鲜族民俗节，体育联谊活动昨日举行"的新闻。建州 50 周年的 2002 年，第三届中国图们江地区国际投资贸易洽谈会于 9 月 2 日至 4 日在延吉市举行，接着东北亚地区国际交流合作地方政府首脑会议在延吉举行。第三届中国图们江地区国际投资贸易洽谈会系列活动包括延边朝鲜族民俗旅游庆典项目，旅游节举行的时间与朝鲜族传统秋夕节时间临近，并举办了全州规模的朝鲜族传统体育比赛。

朝鲜族的民族传统服饰也是民族文化的重要载体，包含着朝鲜族的审美理念和民族特性。中国朝鲜族传统服装早期以白色为主，近现代服装随着经济和科学技术的不断发展，表现形式也很丰富，更加华丽。[①] 在一些大型民族传统体育比赛中，选手们不穿传统服装，而是穿着普通运动服进行比赛。在延边州田野调查过程中，也很难通过服装来识别是否是朝鲜族人还是其他民族的人。延边大学金英雄介绍说，现在只有在民俗庆典和民俗演出中，才能看见朝鲜族女性穿着五彩缤纷的传统服装荡秋千、跳跳板、在旁观者的注视

---

① 孙佳莉. 浅谈朝鲜族传统服饰变迁及影响因素[J]. 辽宁丝绸，2016(01)：24-27.

下展示自己的风采、展示民族个性的人文景观。遗憾的是，在比赛赛场上，1990年颁布的秋千比赛规则规定，运动员在比赛中穿紧身运动服，更多地作高难度动作，缺乏对本民族传统体育文化的充分展示。受现代化的影响，现代服装普及面广，运动也很方便。朝鲜族传统服饰包含着朝鲜族从迁徙到发展的历史文化背景，体现了朝鲜族人民独特审美文化。即使在社会变迁中，与朝鲜族秋千、跳板等民俗游艺相关的朝鲜族传统服装从日常生活中消失了，但是，朝鲜族传统服装的持续改善，仍然是朝鲜族节日庆祝和民俗展览中耀眼的风景。

第五节　中国朝鲜族女性社会地位的提升

水稻农耕文化使朝鲜族形成了组织意识强、劳作节奏快的民族特性，同时培养了朝鲜族民众的朴素性、复合性、兼容性等特点。从农耕社会开始，逐渐精炼的民族传统体育文化，再现了朝鲜族民众积极参与集体活动、以农业为根本的民族文化心理特征。朝鲜族女性在长期的农业生产中，面对寒冷、潮湿等不利的自然环境，养成了勤劳勇敢的生活习惯。秋千、跳板等以女性为主的体育运动成为民族精神的载体，在妇女解放斗争中发挥了重要作用。朝鲜族女性在荡秋千时，穿着民族服装，围绕在秋千旁边争比高低，以荡高和踢铃来决定胜负。通过荡秋千，也许下五谷丰登或结成伴侣的良好愿望，这与朝鲜族的风俗习惯密切相关。在朝鲜族传统体育运动中，秋千、跳板、顶罐走属于朝鲜族女性独有的体育活动，这种现象在我国其他少数民族的体育活动中较为罕见，体现了朝鲜族区别于其他民族的风俗习惯。中国朝鲜族作为迁移民族，受到朝鲜半岛文化与中国传统文化的双重影响。但在不同阶段所折射的表现也有所不同。中国古代文化以男尊女卑、男主外女主内、三纲五常思想对女性加以束缚，即便在比较开放的朝代，对于女性的要求也十分苛刻。朝鲜半岛因与我国接壤，自古以来受到我国传统文化的影响较大。加之李氏王朝建立后，大力推崇儒家思想，原来较为开放的社会氛围发生巨大转变。这一时期女性的地位降到了最低，女性被认定为是男性的附庸。随着程朱理学对朝鲜半岛的影响，女子遵守三纲五常、不能抛头露面等封建落后思想对女性的束缚更大。秋千、跳板这样大幅度身体运动更加受到深居内院女性的欢迎，同时也表现了女性向往自由、渴望挣脱束缚的愿望。

新中国成立后，提高了女性社会地位，倡导的男女平等的思想深入人心。更多的朝鲜族女性也在社会政治、经济、文化等方面做出贡献，也像男性一样登上竞技体育赛场。1982 年，朝鲜族秋千作为表演项目在少数民族运动会上正式亮相，受到观众的普遍欢迎和赞许。1986 年，朝鲜族秋千成为全国民运会的正式比赛项目，并根据朝鲜族的习惯，只设立了女子竞赛环节。随着朝鲜族女性的解放，逐步将秋千、跳板等朝鲜族女性体育项目带入大众视野，向竞技化方向发展。改革开放以来中国政治、经济、文化迈上一个新台阶，人们原先遵循的思想行为习惯与新时代观念的冲击，使得一些朝鲜族妇女不再局限于传统女性的社会角色，而是寻找新时代女性的立足点。受教育程度的大幅提高，以及接触社会机会的不断增加，使更多朝鲜族女性能够投入现代社会中，参与各项生产和社会活动。她们开始追求实现人生价值、高质量的生活方式，这在参与体育活动方面也有体现。新时代的年轻女性更多地参与瑜伽、有氧健身操等俱乐部式的体育锻炼，从事朝鲜族传统体育项目的则以中老年女性居多。如今因政治、经济、文化、受教育程度等方面的多方影响，曾经被束缚的朝鲜族女性已不再局限于秋千、跳板等传统女性体育，同时也主动地参与朝鲜族象棋、拔河、摔跤等传统男性项目。2012 年以来，延边朝鲜族自治州内开展的各项希日木活动中就经常设立女性组别。

第四章 基于体育人类学对中国朝鲜族传统体育跨文化传播的解析

第一节 朝鲜族传统体育文化现象解读

一、"游戏产生说"蕴含原始起源

在历史学研究法中，"绝对证据"指的是"遗物（remains）""史料（sources）""纪念物（memorial）"这三种分类形式所获得的第一视角的历史证据。① 对于朝鲜族三大代表性传统体育的起源问题，由于没有清晰的文字史料记载，因此无法从历史学"绝对证据"的角度，以及文化人类学分支的语言学角度着手采集信息。有记载最早的记录是目前集安高句丽古墓的壁画，再结合考古学研究成果，以及不断的田野调查来补充。（除了体育运动起源的"劳动产生说""战争产生说""祭祀产生说"等传统说法。还可以通过早期文化人类学者所贡献的独特视角和方法进行考察，如从前述的撒林斯（Marshall Sahlins）提出的"原初丰裕社会"理论中提取的"游戏产生说"。美国人类学者撒林斯于1972年出版了《石器时代的经济学》，提出狩猎采集时代的人们每天只工作大约两个小时，也就是说，剩下的22个小时都是游玩时间。考古学通常

---

① ［日］今井登志喜. 歷史學研究法［M］. 東京：東京大學出版會，1953：18.

将原始人解释为贫瘠的人，整天忙于觅食，没有时间创造文化，每天不得不重复狩猎采集的生活。撒林斯告诉我们事实并非如此，他去狩猎采集民生活的地方调查男人打猎和女人采集分别需要多长时间，并计算出获得的食物含有多少热量。研究发现，成年男性与女性每天的平均劳动时间是 2~3 小时，将收获的食物平均分配给全家人后，每人每天平均摄取的热量是 2200 kcal。有趣的是这个数字和日本厚生劳动省所公布的日本人平均一天需摄取热量的数值竟然几乎一致。而在 2007 年我国出版的公共营养师考试教材《公共营养师（基础知识）》中指出，成人一般体力劳动者每天摄入的热量大约为2400 kcal。

在吉林省集安市出土的公元 4~5 世纪高句丽角抵冢和长川 1~3 号墓中的壁画上就记载了当时朝鲜族人在树下、在路边进行希日木的画面。在我国，有史料记载表明在 20 世纪初期日本侵略者在延边地区发行的《间岛新报》上出现了朝鲜族三大代表性传统体育活动的报道，在日本全面侵华战争爆发以前的 1925 年到 1937 年间，《间岛新报》累计报道朝鲜族体育活动 59 次①，其中主要内容大多为端午节和中秋节传统节日期间所开展的民间活动。现今，在延边朝鲜族自治州博物馆的展品中可以看见展现朝鲜族人民在农田旁赤膊开展希日木的图画。通过这些视角充分印证了"游戏产生说"对于解释朝鲜族代表性传统体育的原始起源具有参考意义。

二、"残存说"视角对朝鲜族传统体育文化符号的理解

以朝鲜族传统摔跤项目希日木为例。对于用黄牛作为希日木的奖品是从什么时候出现的，目前并未发现完整的记载，但是现在希日木比赛中黄牛出现的意义，已经脱离了朝鲜族人生活必要性的含义，转而代表了民族文化和象征。泰勒在其《原始文化》中提出了"残存说"（survival）。其含义是，一些事物在产生初期具有对社会有益的目的或功能，但伴随时间流逝或社会变迁，它会渐渐失去原本的含义，并且演变成纯粹的游戏（game）形式保留下来。这

---

① 金京春. 中国東北部間島地域の体育・スポーツ活動に関する研究[M]. 体育・スポーツの近現代：歴史からの問いかけ. 東京：不昧堂出版，2011：457.

就是他对游戏的解说。好比人的盲肠，在很久以前也拥有一些功能，但现在摘除了也不影响正常生活。泰勒举例："狩猎者使用的狩猎工具——弓箭，而今成了孩子们的玩具和射箭比赛的道具；而原来用作占卜神意的骰子而今变成了赌博的道具。"这种解释可以归为历史民族学的研究方法①。我们经常听到的从实用技术演变为游戏竞技的发展说，也是从"残存起源说"演变而来的。这种解释认为我们目前所掌握的很多竞技运动原本不是用于玩闹或娱乐，而是严肃的生产活动或祭祀仪式。20 世纪 50 年代以后，在以"勤勉"（industry）为时代精神的现代工业社会，这种解释对游戏和竞技运动的发展研究起到了很大的推动作用，因而深受社会追捧。德国社会学家丁姆（Carl Diem）的巨著《世界体育史》就是"残存起源说"的代表。反观本书所研究的朝鲜族希日木中的标志性赏品"黄牛"对于朝鲜族人群的意义恰好印证了"残存"说的观点，即现在我们看到每次朝鲜族大型希日木活动结束以后，都会由地区最高行政首脑，身着民族服装将黄牛亲手交给希日木优胜者，并绕场一周巡游。通过田野调查我们也了解到，这反映的是自古以来作为稻耕民族的朝鲜族在日常活动和祈求平安的过程中对于黄牛寄托了很深的民族情感。

作为原始游戏的希日木在形成初期还被赋予了神话含义。笔者在调查中发现，作为稻耕民族在开展摔跤这一类身体格斗类项目时，往往会避开农耕的主要时间点。如有的民族认为在田地里播种水稻期间是不能进行摔跤活动的，因为这样产生咚咚的巨响，震颤到大地，这会让水稻精灵受惊而感到不快，最后导致大地不能结出丰硕的果实，所以，在人们收完稻子以前是不能够在田间地头进行摔跤活动的。② 虽然在朝鲜族有关史料和调查中我们没有找到有关的记录，但是通过回溯希日木原始风貌我们可以发现，希日木在作为稻耕民族的早期朝鲜族人群当中开展的时间大多是在传统节庆时期，而这些节庆日期所在的季节刚好不属于农耕时节。而在原始社会时期，人们往往会将这样的形式当作是人与"神"交流的神圣活动。例如在汤加，在原始社会时期，在山芋收获后的 11 月中，有近半个月的时间都是节庆，人们利用这段时

---

① Edward B. Tylor Primitive Culture Volume I[M]. New York：Dover Publications. 2016：62.

② ［日］寒川恒夫. 図説スポーツ歴史[M]. 東京：日本大修館书店，1996：78

间开展摔跤和类似拳击的格斗活动，目的是祭祀风神和天象之神阿洛阿洛，人们通过这样的形式祈祷来年风调雨顺。

三、"升降说"观察朝鲜族传统体育观光化现象

德国社会学、人类学家谷鲁斯（Karl Groos）根据规则化社会活动的起源和发展问题，结合其"工具游戏理论"（evolutionary instrumentalist theory of play，EITP）在1896年提出了"升降说"。[①] "升降说"提出孩子之间的游戏，通过成年人加工成了有规则的体育运动；及在远古时期在人们祭祀中所使用的道具，之后演变为从事体育运动的器具，而后又会流传到孩子们中间，变成了新的或者更完善的游戏活动或体育运动。1925年伍勒（K. Weule）的"体育民族学"中也运用了升降说。人类学家克罗伯（A. L. Kroeber）等人提出，体育活动以及劳动道具的发明是在人类游玩的过程中逐渐被提取和分离出来的，并不是像现在所谓的"需要是发明之母"一样，是出于社会需要而有计划地特意进行的。根据"升降说"理论的说法，朝鲜族传统体育从原始游戏发展为竞技运动，再以竞技赛事和观光化民族体育活动的形式出现，正好印证了"升降说"中"游戏—竞技—游戏"的基本线路。在升降过程当中，除民族内所发生的变化以外，国家和政府层面为民族文化的传承和发展提供了良好的社会环境和政策支持，有力地促进了民族文化的发展和传播。

第二节　影响朝鲜族传统体育文化变容的因素

一、大历史观背景下依托中华民族文化发展的现实表现

在历史文化和社会环境的不断发展和演变过程中，朝鲜族传统体育活动应运而生。马克思主义哲学关于物质运动的相对性观点认为，任何一个民族从其诞生之初起，就在不断地发生着变化，其表现出来的趋势或发展或衰亡，

---

① Karl Groos. The Play of Animals：A Study of Animal Life and Instinct[J]. Nature，1898，58(09).

其文化特征所体现的民族特殊性也随着变化而变化，每一种文化都处在一个恒定的变化过程中。① 因此，朝鲜族传统体育活动随着时间的变化而不断发生着改变。国家整体经济社会环境的变化和总体发展格局的转变都会自内而外影响国家的各个环节随之发生或剧烈或微妙的变化。

当今社会正处在多元文化频繁交流、碰撞乃至矛盾冲突加剧的全球化状态中。世界领域内多种思想和多种文化相互激荡。在文化的变迁和演化历程中，人类社会在向现代化转型阶段中都会出现断层、冲突、撕裂以及沿袭等现象，也就是传统文化与现代文化的冲突与融合。传统文化逐渐过渡到现代文化，确实使人的心理状态发生了变化，无论时间的早晚还是顺序的先后，如看待事物的价值观念、思维方式、审美趣味、宗教信仰、道德伦理、民族性格、社会交往及生活方式等。然而，当人们在享受现代文化为我们带来的快捷与便利的时候，滋养他们成长的传统文化却默默地塑造了他们的思想和围绕在他们周围的世界，架构起了人们同祖先和传统之间联系的桥梁。人们通过学习并保护他们历史传承的伦理道德、宗教信仰以及文化遗产，形成了他们之间互相识别、认同的特殊情感。所以，当人们看到或者经历着他们民族的传统文化时，可以教导他们的孩子这些文化是什么意思，为什么最终会是这个样子、这种形式。这些文化传统将人们与他们的祖先联系在一起，最终形成了他们之间特有的、宝贵的文化认同。正是这种文化认同，使人们有理由将他们宝贵的传统文化传授给下一代并一直延续下去，为他们的后代彼此之间提供了一个持续传承的并且易于相互识别的文化身份。因此，今天当我们在全球化的背景下提及"文化认同"时，虽然会有一种"霸权"和"抵抗"的自觉意识渗透其中，但一个国家或者民族的延续，总会将他们认为曾经拥有的重要的文化借助不同形式和载体进行延续。也就是说，一个国家或者民族的发展对它所希望延续的文化是有选择性的。

中国同样如此，近代的中国多灾多难，政府和知识分子希望通过改革促进国家、社会的发展。1861 年，清廷开启洋务运动，希望能够以"师夷长技以

---

① 张宝根，黄晓春. 从文化变迁看当代中华民族传统体育的传承[J]. 广州体育学院学报，2009，29(05)：44-48.

制夷"，推动生产技术的提高。在全国各地纷纷引进外国技术，发展矿业，开设工厂，建造轨道交通，以及架设通讯电报网，并培训技术人才。在军事方面，建立了北洋舰队。但是，洋务运动还是以失败告终。历史学专家黄仁宇在《中国大历史》中谈及，所谓"洋务"乃由于西方社会看重效率，其与中国传统的社会习惯大相径庭。在此影响下，甚至每一件兵器的使用都受到传统思想文化之束缚。比如开设不同的工业工厂，需要不同的商业组织来配合，这些都是与传统不同的，比如零件，比如银行，比如保险。总的来说，洋务运动是一次封建统治者试图挽救腐朽局面的自救运动，但中国的封建体制并没有得到改变，中国也没有因此而富强。①"洋务运动"失败的最根本原因是它只是在经济体制上改革，并没有从政治体制和文化教育的基础层面上进行改革，封建的文化思想影响了改革效果。因此呼吁从根本上改变传统文化的声音也越来越大。1898年6月到9月，中国又发生了"戊戌变法"，这次改革力图深入经济、教育、军事、宫廷内部，以及官僚体制等多个层面，希望推动中国走上君主立宪的道路。然而，在短短103天时间里戊戌变法就以失败告终，梁启超在《戊戌政变记》中论证了这次失败的主要原因："中国之言改革，三十年于兹矣，然而不见改革之效，而徒增其弊，何也？凡改革之事，必除旧与布新两者之用力相等，然后可有效也。苟不务除旧而言布新，其势必将旧政之积弊，悉移而纳于新政之中，而新政反增其害矣。"②意思是说，改革是新旧势力的斗争，不能以新换旧，就一定是以旧制新。而且从某种角度来说，除旧比换新还难，因为除旧就是把一部分人固有的利益破坏掉，把一部分人的"饭碗"从旧的制度上接过来，必然会造成顽固性力量的大振荡。所以，戊戌变法失败的根本原因是"布新有余，除旧不足"，也就是没有从根本上除去中国传统文化的负面影响。于是，一场从根本上推进"反传统、反儒教、反文言"的思想文化运动——"五四"新文化运动在1919年5月4日爆发。当时的中国知识分子认为，以往改革、变法失败的最主要原因是中国国民性的堕落，想要从根本上救亡图存，必须改造国民性，而传统的儒家思想在当时的人们

---

① 黄仁宇. 中国大历史[M]. 北京：三联书店，2007：265-283.
② 梁启超. 戊戌政变记[M]. 桂林：广西师范大学出版社，2010：125.

看来是导致这种国民性产生的根本原因。因此，抨击尊孔复古思想成了当时的时代主题。唐德刚在《晚清七十年》的"中国社会文化转型综论"中提到，新文化运动标志着中国知识分子力求颠覆中国中心主义，否认其文化价值，推广西方文化以及民主共和制，走向了欧洲中心主义。①

新中国成立以后，中国政府和文化界对传统文化的态度经历了由批判到倡导、发扬的过程。毛泽东同志提出"百花齐放，百家争鸣"②的文化发展方针，他认为中国在长期的封建统治中，依然创造出了灿烂的古代文化，因此要理清古代文化的发展过程，剔除其封建性的糟粕，吸收其民主性的精华。发展国家新文化，提高国家自信，这个过程必然不可或缺。决不能不加批判地接收。中国现时的新政治新经济是从古老的旧政治旧经济中发展起来的，中国新的文化也是从古老的旧文化中诞生的，因而不能与历史割裂。③ 为此，毛泽东同志在 1956 年 8 月开展的"同音乐工作者的谈话"中，提出了面对古今中外文化成果应采取"古为今用、洋为中用"的指导思想，从而解决了中国文化发展的取向问题。

随着改革开放的持续推进，中国各级政府为保护和传承传统文化做出了大量工作。1979 年，国家民族事务委员会、文化部、中国文联联合发起了撰写"十部中国民族民间文艺集成志书"的工作，包括《中国民间歌曲集成》《中国戏曲音乐集成》《中国民族民间器乐曲集成》等。这项工作对几千年来中国各民族劳动人民创造的并流传在民间的传统文化进行了收集、整理、分类，保存了大量珍贵的艺术资源，被世人誉为当代文化建设领域的"万里长城"。1979 年 10 月，邓小平同志阐述了他对中国经济与文化建设的理解："我们要在建设高度物质文明的同时，提高全民族的科学文化水平，发展高尚的丰富多彩的文化生活，建设高度的社会主义精神文明。"④ 自 1988 年以来，文化部鼓励各地挖掘、整理、收集、保护和开发非物质文化遗产，并组织了"民间艺术之乡""特色艺术之乡"等命名活动。目前，被命名为全国"民间艺术之乡"

---

① 唐德刚. 晚清七十年[M]. 长沙：岳麓书社，1999：424
② 毛泽东文集(第七卷)[M]. 北京：人民出版社，1999：197.
③ 毛泽东选集(第二卷). 新民主主义论[M]. 北京：人民出版社，1991：707-708.
④ 邓小平文选(第二卷)[M]. 北京：人民出版社，1994：208.

"特色艺术之乡"称号的具有浓郁民族风格和艺术特色的乡、镇已达 300 多个。国务院于 1997 年印发了《传统工艺美术保护条例》，指导传统工艺美术行业有序建立国家级评定机构，从而实现了对传统工艺美术品种的保护。此外，"工艺美术大师"也通过层层选拔确定了 200 余名。2000 年 4 月，为了加强与联合国教科文组织在此方面的合作与交流，文化部开始实施《人类口头和非物质文化遗产代表作》的申报、评估工作。2003 年 1 月，文化部、财政部、中国文联、国家民委等部门联合启动了"中国民族民间文化保护工程"，成立了专门的领导小组和专家委员会。2003 年 2 月，由文化部发起，授权中国艺术研究院创立"中国民族民间文化保护工程国家中心"，作为专门负责规划、协调、组织、实施保护工程的牵头单位。此后，全国各省、自治区、直辖市的地方中心也相继挂牌成立。保护对象主要是珍贵、濒危，并具有历史文化价值的民族民间传统文化项目，其中就包括传统的节日、礼仪、庆典及体育活动等。通过 保护工程的建设，使我国优秀的非物质文化遗产得到有效的保护和开发利用。初步建立起比较完备的中国非遗保护制度和保护体系，在全社会建立自觉保护非物质文化遗产的意识，实现对非遗保护工作的规范化、科学化、网络化、法制化。2003 年时任中共中央总书记胡锦涛同志指出，要发扬与时俱进的时代精神，坚持古为今用、推陈出新、大力发展中华文化优秀传统，大力弘扬中华民族的伟大精神，使中华民族的优秀文化成为新的历史条件下，鼓舞中国人民不断前进的精神力量。[①]

二、外部环境变化不断带来的客观影响

可以将影响文化变迁的外部因素归结为两个方面，即不同文化之间的跨度交流以及外在环境的改变。[②] 文化变化的外部因素与其根本原因是自然环境与人文环境的改变。随着时间的推移，人们意识到社会环境包括政治体制、经济体制、文化传统等。[③] 总体上，对于朝鲜族传统体育文化变迁的外部因素

---

① 中国青年报. 胡锦涛：始终坚持先进文化的前进方向大力发展文化事业和文化产业[R/OL]. (2003-08-13)[2023-05-06]. http://zqb.cyol.com/content/2003-08/13/content_714474.htm.

② 郑晓云. 文化认同与文化变迁[M]. 北京：中国社会科学出版社，1992：204.

③ 杨铃春，高扬，耿迪. 从"抢花炮"运动发展历程管窥侗族传统体育文化变迁[J]. 广州体育学院学报，2018，38(06)：85-87.

将从以上几个方面来进行分析。"变迁通常随着自然环境的改变而发生。"①首先是地理环境的变化，在中国领土上生存的中国朝鲜族更倾向于在水边生活，而种植水稻是朝鲜族最大的特色。另外，中国朝鲜族主要集中生活在纬度较高、冬季漫长的东北地区，娱乐文化盛行，人们愿借助农闲时间，以村落为单位，进行民族传统的秋千、跳板运动。朝鲜族 20 世纪 70 年代以前的住宅以稻草房为主，到 20 世纪 80 年代，朝鲜族居住环境已向砖瓦房过渡，并且发展为楼房替代平房，然后将楼面的形状从传统的习惯上解脱出来②，居住区域逐渐向城镇转移，城市的社区也出现了从密切关系的村落转向社会组织，这就是制度文化的变化的印证。与此同时，村、镇的道路建设，使得村与村之间不再孤立，交通的便利使人与人之间在当前的现代化生活环境中缩短了距离，而朝鲜族传统体育项目和现在的环境不协调，居住环境的变化也使得人们能够得到更多的新的物质，比如服装、器材等，这就是物质文化变化的一种体现；人们因为交通便利而接触更多的新鲜事物，也会推动观念的更新与日常生活生产方式的更新，从而导致朝鲜族传统体育文化发生变化，从而在物质、制度、精神等方面产生一种非正向的改变趋势。

社会环境的变化是导致朝鲜族传统体育文化物质、制度、精神文化变化的主要因素。政治环境的稳定性可以给中国朝鲜族传统体育的发展提供可能，只有人们不再为生存而担心，才能更好地表现出自己的精神需求，政府也能更多地关注朝鲜族传统体育的发展，为制订合理的政策提供保证。将功能部门划分出来进行管理，这也是物质、制度、文化等变迁的一种体现。朝鲜族人民初入中国境内时，清廷为了巩固政权，以土地威胁朝鲜族群众归化入籍，而后遭到了日本侵略者剥夺姓名、征兵充军等压迫，新中国成立之前也遭到国民党的迫害，这些都让朝鲜族人民失去了安宁，传统体育文化发生的变化也与不同的历史时期密切相关，例如抗战时期和军事相关，即便在这样的情况下，朝鲜族人民仍然没有放弃朝鲜族传统体育，在抗战胜利后，中国共产

① ［美］克莱德·伍兹. 文化变迁［M］. 施惟达，胡华生，译. 昆明：云南教育出版社，1989：22.

② 千寿山，王思文. 中国朝鲜族风俗的现状及其 21 世纪的发展趋势［J］. 延边大学学报（哲学社会科学版），1998（02）：140-145.

党在《和平建国纲领草案》中明确指出，在少数民族地区必须承认各民族的平等地位及其自治权。[①] 1952 年，第一届人民代表大会正式确定了"朝鲜族"的少数民族名称，成立"延边朝鲜族自治区"。为朝鲜族传统体育文化稳定、有序地发展提供了法律保证，1954 年《中华人民共和国宪法》正式从法律意义上确立了中国朝鲜族的合法政治地位。

在改革开放前，朝鲜族就以农业经济为主，在国内第二、三产业迅猛发展的同时，朝鲜族餐饮业、旅游业等产业得到发展。因此。朝鲜族社会经济构成发生了改变，也带来了人们的生活方式的改变和水平的提高，带来了思维方式的改变、价值观的改变，人口构成的改变。

物质文化、制度文化的变迁会引起精神文化的变迁，思想变化使得现代青年乐于接受现代社会的其他民族文化与主流文化，从而促进"异文化"的交流和传播。文化系统不是一成不变的。外来文化的强烈冲击，不仅会在很短的时间内导致本土文化的强烈变化，还可能会导致本土文化的流失，甚至涵化。[②] 当代体育对传统的"体育文化"的冲击，在现代社会中影响深远。区域文化在满足当代社会的区域、时代要求的背景下不断地改变与发展。延边朝鲜族自治州延吉市是朝鲜族聚居区，目前在学校设立的体育项目也是以现代体育项目为主。朝鲜族的体育是一种传统体育项目，在与现代体育碰撞时，其表现形式有所变化，其文化也有所改变。田野调查发现，有些朝鲜族青年从小就读于朝鲜族学校，但从来没有学习过朝鲜族传统体育，打羽毛球、排球的意愿也比较强烈。在对延边大学金英雄教授进行访谈时，他谈到，2006年前后，州政府在全州中小学中设立了很多秋千设备，但是利用的效果并不理想，由于使用率低，在户外风吹日晒时间久了，很多设备都出现了生锈和腐坏的现象，毕竟在信息技术的影响下，能够吸引孩子们注意力的东西实在是太多了。由此凸显出民族传统文化继续发扬光大的必要性。此外，现代化的发展带来农村"空心化"现象，由于经济结构的转变，人口的大流动等因素，朝鲜族传统体育文化价值体系受到了很大冲击，目前的朝鲜族青年已不能以

---

① 周保中. 延边民族问题草案[M]. 吉林：中共延边吉东吉敦地委，1985：37.
② 陈修岭. 民族旅游中的文化失真与族群认同建构[J]. 山东青年政治学院学报，2012(06)：121-124.

原始的方式来实现自身的民族文化认同，而要实现不断传承发展的荡秋千、跳板等运动，需要新的认同路径。

中国朝鲜族的传统体育在跨文化传播过程中也受到了韩国的一定影响。作为外部因素，韩国更多是起到了影响体育运动规则变化的作用。中国朝鲜族从朝鲜半岛迁移而来，不管是生活习惯还是民族文化，都与韩国具有许多相通的地方。韩国希日木协会是韩国权威的职业体育组织，在其领导下发展韩国希日木比赛，拥有职业赛事。但是中国并没有专业的希日木组织和比赛，这说明韩国希日木职业化发展的水平是高于中国的。1995 年中国希日木规则中比赛场地为圆形直径为 9 米，2001 年改为 8 米，这与韩国希日木协会规则中比赛场地的尺寸一致。而且在希日木比赛的类型上，中国希日木也改成了与韩国希日木一样的形式。2001 年再次修改规则，沙场高度调整为 0.7 米，与韩国希日木协会和世界希日木联盟规则相同，保护区宽度同为 1.5 米。中国希日木最初采用跪姿是因为移居中国的朝鲜族大多来自朝鲜半岛北部的咸镜道、平安道等地区，那里发展的希日木类型主要是跪姿型，而朝鲜半岛南部的希日木类型主要是腰腿型。随着时代变迁，韩国的希日木也随着国家经济的发展而发展，最终形成了专业协会和国际联盟。相比韩国，希日木在中国的发展还停留在民间娱乐的层面。随着 1992 年中韩建交，中国朝鲜族越来越意识到不同地域和同一民族之间的文化差异。

外来事物扩散到一个新的环境，与周围的事物融合并相互作用，从而产生进化。中国朝鲜族在中国生存已有百年以上的历史，在这漫长的过程中，不论从哪个角度去看，都能找到民族文化演变的痕迹。希日木作为朝鲜族特有的民族运动，其名称的变化最能直观地展现文化演变的内涵，2005 年以前，"希日木"更多地被称为"朝鲜族摔跤"，"摔跤"是汉族人对这项运动的称呼，"希日木"是在朝鲜族语言的发音被翻译成汉字后演变而来的，改名看似简单，却蕴含着人类学对文化的影响。这一演变伴随着希日木申请加入少数民族传统体育运动会的过程，朝鲜族人希望用自己的民族语言给这项运动命名，这是民族认同感的体现。

三、民族文化本身在传承发展过程中的内化反应

人是变迁现象的介质，一切文化变迁都必须通过人的传达才可以实现。[①]
朝鲜族传统体育项目的文化变迁的内在因素是由朝鲜族人决定的，人的因素
会直接影响物质文化、制度文化和精神文化的走向。20 世纪 90 年代开始，朝
鲜族人口从农村迁移到城市，农业人口逐渐减少。随着人口外迁，导致部分
村镇学生数量减少，教师也随之外迁，因此造成不少学校被迫解散。随着城
市化进程的加快，农村社会通过这一趋势产生了许多"农民工"。朝鲜族也卷
入了整体社会流动中，延边朝鲜族自治州内农村的农民大多迁移到延吉市、
龙井市、图们市等城市，从事第三产业。农村几乎没有从事农业的朝鲜族年
轻人。朝鲜族的自然人口流动导致了朝鲜族农村集居地的解体，因此农村朝
鲜族学校统合。人口流动不仅发生在农村，延边朝鲜族自治州内的城市地区
也受到波及。因为延边州的就业岗位很少，所以向经济发达的沿海大城市移
动的青少年变多了。在城镇化背景下，人口流动是必然现象，因此，在新文
化的影响下，年轻人更倾向于参与当代体育项目，得到与传统的体育存在差
异的体育参与感，与老一辈人相比，朝鲜族年轻一代对传统体育项目和文化
的认知能力不强烈，认为从事朝鲜族传统体育的工作比不上打工赚钱，自然
而然对朝鲜族传统体育的重视程度也就降低了，而朝鲜族传统体育的繁荣程
度也就没有之前高。但是，随着一些珍视朝鲜族传统体育的民众认知的不断
提高，促进政府部门逐渐重视，从而促进规则、传承方式多样化发展，为朝
鲜族传统体育的传承提供了一个新的课题。

第三节　小结

经过漫长的历史发展，中国朝鲜族形成了独具特色的民族文化表现形式，
诸多文化现象是在变容过程中逐渐形成的。因此，朝鲜族传统体育活动也具

---

① 郑晓云. 文化认同与文化变迁[M]. 北京：中国社会科学出版社，1992：211.

备了这种特征，从而形式多样，各具特色。但是，变容出现的核心要义没有脱离中华民族多元一体格局的整体观，而是在不断传承和发展过程中寻求新的历史属性和文化认同。依托中国朝鲜族传统文化的多种表现形式，由原有的无序化、排他性等方面，逐渐发展为竞技化、观光化、节庆化，再到女性地位的改善等方面。以大历史观为背景，以社会和地缘关系为外部环境、以人文要素为内部因素，综合作用下，对中国朝鲜族传统体育文化的变容产生影响。

第五章　朝鲜族传统体育跨文化传播的路径

第一节　朝鲜族传统体育跨文化传播面对的主要问题

通过对延边州地区开展长期的田野调查发现，在基础教育阶段推行校园民族传统体育文化方面，现代体育文化广泛深入的普及、人口流失等问题，对朝鲜族传统体育运动跨文化传播产生了持续的影响。

一、基础教育阶段朝鲜族体育文化传承发展不平衡

作为民族传统体育传承和发展的重要基石，少数民族地区基础教育在跨文化传播过程中起着至关重要的作用。目前，朝鲜族传统体育文化在延边州基础教育阶段仍显薄弱，传统体育项目与现代体育项目的发展存在明显差异。传统体育项目在试点学校中的开展成效明显，但只有规定发展民族传统体育的重点学校才有所涉及。制约朝鲜族传统体育项目发展的因素，除了学校数量，还有场地和器材问题。结合田野调查，在延边州基础教育阶段的学校中，无论是体育课还是课余体育活动，主要开展的内容和形式都是以现代竞技体育项目为主。由于基础教育体系对现代体育传播较为普遍，因此，广大学生对民族传统体育文化的认识程度和认知理解相对有限。教育具有深远意义，通过教育手段可以有效实现保护、传承、发展民族体育文化的目的。延边州地区学校教育以课堂的形式为主，体育教育注重实践，但是，民族传统体育

文化的传导兼具理论与实践功能。因此，把传统体育文化内涵引入基础教育的体育与健康课程中，将使其实现朝鲜族传统体育文化的内化作用。通过观察发现，在学校教育过程中学生们一般只在运动会上和传统节日中才有组织地开展民族传统体育项目，无论是课上还是课下学生们参与的都是现代体育项目，学生们在学校里很难接触到朝鲜族传统体育文化。基础教育阶段的学生在学习体育技能的过程中，对体育教师的引导有很强的依赖性。此外，延边州基础教育阶段的体育教师性别比例不协调。从延边州教育局获得的数据显示，截至2020年底，延边州小学阶段的体育教师共有585人，其中女教师仅为62人，初中阶段共有体育教师342人，其中仅有24人为女性。朝鲜族体育文化中有许多女性项目，例如秋千、跳板和一些传统舞蹈等，女性师资人数不充足的情况在一定程度上制约了朝鲜族传统体育在校园的开展。

二、受到现代竞技体育的冲击

随着国家经济全面发展，信息化、社会化、城市化等现代化表现形式纷繁复杂，各类文体活动急剧增加。少数民族传统体育活动由于其自身特点，在没有受到广泛且深入关注的前提下，其适应社会变化的能力大打折扣。加之不少少数民族地区目前发展水平仍相对落后，教育和科技现代化普及度相比发达地区仍存在较大差距。因此，少数民族传统体育文化的传播空间客观上受到限制。以奥林匹克运动为代表的现代体育文化席卷全球，随之又产生了诸如户外运动、极限运动、素质拓展等许多新兴体育项目。在学校体育教学方面，基础教育阶段学生接触较多的是各种球类和田径等运动项目，在体育课中也都是以教授现代竞技体育项目为主。在竞技体育方面，20世纪90年代以来延边州积极发展足球运动，在全国足球联赛中连续多年取得较好成绩。从事少数民族项目的运动员，在省运会、全运会备战阶段，一般也会被抽调到其他项目中参与备训和备赛，如希日木运动员会参加中国式摔跤和自由式摔跤项目，跳板运动员则会参加蹦床项目，这类现象存在至今。此外，由于目前我国尚未对民族传统体育项目的运动员进行等级划分，也就没有等级划分所带来的相关待遇界定。因此，不少处在升学或就业年龄段的少数民族体育运动员，纷纷转向现代竞技体育，导致民族传统体育人才断档问题出现。

三、制约传统体育发展的人口问题逐渐显现

人口学说认为，人口的变动往往是指人口数发生的变化。由于社会、经济等因素的影响，每一个国家或地区的人口会在一定时期内发生不断地变化，分为自然变迁、迁移变迁、社会变迁 3 个方面，影响社会经济、文化的发展。① 因此，朝鲜族人口变化将对朝鲜族传统体育传承和发展产生一定影响。2010 年，第六次全国人口普查数据表明，朝鲜族人口总数为 1 830 929 人，而2000 年进行的第五次全国人口普查统计，那时全国朝鲜族总人口数为1 923 842 人。这是朝鲜族人口在历次人口普查过程中首次出现同比减少。人口减少现象的出现从根本上导致参与朝鲜族传统体育的群体下降，显然对民族文化的传承是不利的。通过凯恩斯提出的理论，如果人口减少将长期延续，那么，由其引发的有效需求缺少也会长期存在，从而造成经济长期停滞的局面。② 人口数的减少也会对地区经济发展造成消极影响。从民族传统体育传播角度来看，朝鲜族秋千、跳板的发展所需要的资金支持将会变少；经济发展受到影响会导致人们的文化精神需求降低，文化活动数量以及频度会相对降低，对传统文化方面的消费需求会减少，这也间接地制约着朝鲜族传统体育的传承和发展。改革开放政策的不断深入，东南沿海地区城市的不断发展，城市集群现象日趋明显，外来文化和现代科技的推广普及度与日俱增，受此影响，东北地区不少青年人群选择南迁寻找发展空间，朝鲜族青年也是这一群体的主要成员。这一情况造成了延边州不少地方的村镇产生了"空心化"现象。2017 年，延边自治州出现了当地农村家庭有 1/3 以上的人离开了原住地的情况。

---

① 尹豪. 人口学导论[M]. 北京：中国人口出版社，2006：57.
② 许军. 延边人口变动对区域经济发展的影响研究[D]. 长春：吉林大学，2008.

第二节　朝鲜族传统体育跨文化传播的主要目标

一、保持民族文化薪火相传

在时代更迭的背景下，包括朝鲜族在内的各民族传统文化赖以生存、传续的社会基础发生了变化。一些民俗活动要么减少，要么发生属性的变化。同时，随着一些朝鲜族民族文化传人年事已高，一些前辈、老人相继离世，技艺传承面临断档和失传的困境。年轻一代缺乏对民族传统文化的认识、理解，参加比赛的选手寥寥无几，后备人才和传承人的缺失成了影响民族文化传承的棘手问题。我国作为多民族国家，每个民族都有其本身独具特色的民族文化，任何一个民族的文化缺失都会影响到中华民族厚重历史文化传承和繁荣发展的整体性。习近平总书记曾经多次强调，全面建成小康社会，不能缺少任何一个民族。由此可见，经济社会的发展离不开56个民族，同样各民族文化的传承也不能离开任何一个民族。保持民族文化的薪火相传，对提升中华民族核心凝聚力和认同感具有重要的历史意义。

二、融入新兴技术领域，推动民族文化发扬光大

伴随互联网信息化时代的渐渐深入，人们获得信息的渠道日趋增多。据《中国互联网络发展状况统计报告》，到2018年12月初，我国网民数量已达8.29亿人，超过世界大部分国家的人口数量，在这样庞大的网络人口环境下，由网络文化所产生的"快餐"文化和"拇指"文化逐渐影响人们的日常生活。但是，互联网技术的发展能够从科技角度带动民族传统文化的发扬和推广，这一点在推动民族传统文化繁荣发展层面来说显得尤为重要。结合经济发展的总体走势，近年来我国在互联网领域突飞猛进，各地区纷纷建立大数据平台，为人们的社会生活提供了便利途径，不少地区已经开始着手建立文化领域的数据库，这对于民族文化的发扬光大具有巨大的促进作用。高速发展的信息化、科技化时代，将中华民族悠久文化遗产对外传播，在世界范围内让不同

民族、不同肤色、不同环境中生活的人们了解和认识真正的中华文化，对于我国的稳定发展起着至关重要的作用。

三、繁荣中华民族文化宝库

多年来我国一贯倡导发掘并保护民族民间传统文化，取得了一定的成绩。然而，从推动体育文化事业发展的角度来说，体育文化的创新发展还有广大空间有待发掘。开发与保护是以传统文化思想为根基，创新是从中汲取养分，以回答和解决现实问题为旨归。我国具有悠久的历史，这其中埋藏了无数文化创新的资源，体育具有身体文化和精神文化双重属性，是自然与人文有机融合的表现形式。多年来，通过各地区基层组织和团体开展的民族传统体育文化活动、全国少数民族传统体育运动会等窗口，以及民族传统体育文化与多种产业相联合发展，为民族传统体育文化的繁荣发展开辟了多条渠道。

四、铸牢中华民族共同体意识

2021 年，在全国上下庆祝中国共产党建党百年之际，习近平总书记在中央民族工作会议上发表重要讲话，提出了关于加强和改进民族工作的指导思想，归纳为"十二个必须"。其中，"必须以铸牢中华民族共同体意识为新时代党的民族工作的主线"格外受到关注①。中国朝鲜族作为中华民族的一员，其历史由来、地域环境、文化构成、风俗习惯都具有明显的特征。朝鲜族传统体育项目在其自身民族文化属性的环境下，其表现形式兼容并包，既有粗犷豪放的格斗运动希日木，又有表现力十足的秋千、跳板、弓箭等传统体育形式。因此，在探究朝鲜族传统体育的跨文化传播过程中，应不断发掘其科学内涵和实践价值，探索朝鲜族传统体育在铸牢中华民族共同体意识方面应起到的作用。

---

① 孙英. 以铸牢中华民族共同体意识为主线［N/OL］.（2022-03-21）［2023-08-20］. http://theory. people. com. cn/n1/2022/0321/c40531-32379967. html.

第三节　朝鲜族传统体育跨文化传播的路径

一、完善现代教育对朝鲜族传统体育文化的传播作用

民族体育项目在学校的开展，是提高青少年人文情怀和开展素质教育的良好手段，这不是单纯的对传统体育的简单培训，亦不是对现代竞技体育的单一弥补。基础教育阶段的小学生和初中生，正处于意识形态和身心发展的关键时期，把握这一阶段对学生进行民族传统体育文化教导，不仅能够起到同其他体育项目一样强身健体的效果，还可以提升学生对民族传统体育文化知识的了解程度，尤其对于少数民族地区的基础教育来说，能够在表现民族文化特征的基础上，促进民族传统文化的传承与发展。朝鲜族传统体育文化自身的特性明显，表现形式多样，内容丰富，为其进入学校体育课堂提供了充足的素材，操作性强，可很好地让青少年儿童对于未知领域的探索和追求得到满足。此外，朝鲜族传统体育项目大都来源于生活劳作、喜庆丰收和民俗仪式，所以，又是很好的思政的资源，帮助少年儿童客观、全面、准确地认识本民族历史发展，使民族认同感增强，提升了广大青少年的家国情怀。

政策引导是朝鲜族传统体育在校园推动的有力保障。多年来，党和国家高度重视民族地区的基础教育工作，从国家层面到地区层面均出台了多份关于民族自治地区教育发展的相关政策。习近平总书记在2014年9月24日纪念孔子诞辰2565周年国际学术研讨会暨国际儒学联合会第五届会员大会上提到，不忘历史才能开辟未来，善于继承才能善于创新。优秀传统文化是国家和民族传承与发展的根本动力，丢掉了就等于把精神命脉割裂了。作为中华民族传统文化的重要组成部分，朝鲜族传统体育文化不可或缺。民族传统体育文化怎样才能更好更多地在民族地区发展？如何引导广大青少年形成正确认识和科学认识？在发展进入新的时代环境下，如何让传统的民族体育文化更好地与社会主流潮流相适应？以上这些问题值得我们思考。

二、在体育非物质文化遗产体系内实现保护与传承

21 世纪以来，联合国教科文组织（UNESCO）各会员国一致认为非物质文化遗产与物质文化遗产两者都需要得到保护。2001 年，联合国教科文组织在各国和国际的非政府组织中进行了一项调查，目的是使保护非物质文化遗产方面尽快达成国际广泛共识，于 2003 年草拟了"保护非物质文化遗产公约"（Safeguarding of Intangible Cultural Heritage）。联合国教科文组织发起的世界非物质文化遗产评估制度，为世界各民族传统体育文化的观光化发展起到了客观的铺垫作用。

2004 年 8 月，中国加入联合国《保护非物质文化遗产公约》，正式开启国内非遗保护政策逐步完善和执行进程。2005 年 3 月 26 日发布的《关于加强我国非物质文化遗产保护工作的意见》是我国开展非遗保护工作的一项重要政策依据。同批次颁布的还有《国家级非物质文化遗产代表作申报评定暂行办法》，规范了申报国家级非物质文化遗产评审和评定的具体工作，亦是我国非遗保护工作的一项重要内容。2005 年 12 月 20 日，国务院下发了《国务院关于加强文化遗产保护的通知》，对直接保护非遗的方法做了更详细的修订。2006 年 11 月，胡锦涛同志第一次使用了"软实力"这一理念，他提出："如何找准我国文化发展的方位，创造民族文化的新辉煌，增强我国文化的国际竞争力，提升国家软实力，是摆在我们面前的一个重大现实课题。"①随后，原文化部印发了《国家级非物质文化遗产保护与管理暂行办法》，提出对文化遗产保护的具体措施，供各省市、自治区、直辖市参考。2007 年 2 月，《商务部文化部关于加强老字号非物质文化遗产保护工作的通知》发布，对中国非遗老字号拥有的专有品牌、传统技艺、经营理念和文化内涵所进行保护。2008 年 5 月，原文化部印发的《国家级非物质文化遗产项目代表性传承人认定与管理暂行办法》，对于物质文化遗产项目代表性传承人的评定条件、申报材料、申报程序、管理和培训以及义务等方面进行了规定。据中国非物质文化遗产保护中心 2019 年数据显示，我国非物质文化遗产中传统体育、游艺与杂技传承人总

---

① 骆郁廷. 文化软实力：基于中国实践的话语创新[J]. 中国社会科学，2013(01)：20-24.

数为 88 人。朝鲜族主要聚居地吉林省的代表性传承人总数较少，而且因人口流动造成了传承人可选择范围缩小，影响了朝鲜族传统体育运动的传承与发展。

（一）体育非物质文化遗产保护与传承意义

第一，挽救与保护文化的历史意义。众所周知，保护非物质文化遗产的主要目的是为了避免文化消失或断代情况出现。我国是统一的多民族国家，在历史上曾经遭受过战争侵略、重大自然灾害等创伤。新中国成立以后，我国经历了艰难的发展过程，在改革开放的引领下逐渐走上了稳步发展的道路。但是，市场经济和新兴产业的逐渐发展，导致人们更多地关注经济效益明显的领域，在一定程度上忽视了对历史文化的保护与传承。吉林省的国家级体育类非物质文化遗产中，在希日木遗产传承人方面，20 世纪 30、40、50 年代均没有传承人，目前健在的传承人仅为两人。朝鲜族秋千和跳板项目，虽然主要参与者呈现低龄化发展，但在传承人的接续方面目前尚不明确，而现存传承人年事已高，无法参与其中。

第二，推进全民族健康发展的现实意义。《"健康中国"2030 计划纲要》（以下简称《纲要》）于 2016 年 10 月由国务院发布。其明确提出，健康是经济和社会发展的必要基础，是推动人民全面发展的必然要求。实现国民的健康长寿，是国家富强、民族振兴的重要标志，同样是全国各族人民的共同愿望。《纲要》第一章指导思想提出了四个原则：健康优先、改革创新、科学发展、公正公平。① 结合地域文化特征以及中国朝鲜族民族文化内涵，朝鲜族传统体育文化在这四项原则中均可以进行对应解读：首先，健康优先。推动体育非物质文化遗产多样性传承，其研究目的在于能够把体育非物质文化遗产的成果运用到群众现实健身锻炼活动中，使体育非遗以锻炼形式融入学校体育，在群众体育中，这有利于为民众提供他们喜闻乐见的健身方法，促进形成健康的生活方式。研究体育非物质文化遗产与旅游业的结合，增强旅游体验感、参与感，与当地资源状况文化环境紧紧贴合，有利于实现健康与经济社会良

---

① 中共中央国务院印发《"健康中国 2030" 规划纲要》[R/OL]．（2016-10-25）[2022-06-24]．http：//www. gov. cn/xinwen/2016-10/25/content_ 5124174. htm.

性协调发展。其次，改革创新。推动体育非物质文化遗产多样性发扬，是对体育非物质文化遗产的传承形式和发展道路的大胆创新。再次，科学发展。体育非物质文化遗产的多样性传承发展研究是根据地方经济、文化发展特点，根据地区实际，在保护原则下进行的多样性传承发展研究。最后，公平公正。推动体育非物质文化遗产多样性发展，使体育非物质文化遗产成果惠及大众，普惠社会，使全社会整体参与到体育活动中。

第三，为区域经济建设提供文化资源的保障。东北地区土地面积广袤，矿产资源和农业资源相对充足。但产业结构粗放且单一，在全球化浪潮席卷国际的当下，易发生"一荣俱荣、一损俱损"的局面。而且过度的资源开发也造成了东北资源短缺的现象。如何进行经济转型，调整产业结构，振兴东北经济，这俨然成为一个值得关注的问题。体育非物质文化遗产的多样性传承发展将东北地区体育非遗良好地与商业、旅游业有机结合，充分利用自然资源。吉林省冬季有丰富的冰雪资源，结合当地的历史人文资源，如少数民族文化、美食、建筑，将体育非遗体验式地融入旅游业的开发当中，因地制宜地进行保护性开发。这不仅有利于对非物质文化遗产的文化传承，而且在一定程度上为区域经济建设提供了良好的方向引导。

第四，促进民族文化繁荣发展。体育的非物质文化现象，是非物质文化遗产的重要组成部分。非物质文化遗产是在人们长期生产生活过程中，基于一定社会背景，长期沉淀和积累下来的宝贵财富，属于中华文化的绚丽瑰宝，不仅反映了历史的发展过程和人民的生产生活真实状况，更是人民宝贵的历史遗产和精神财富。体育非物质文化遗产构成了中国传统文化的代表元素，保护体育非物质文化遗产就是保护中国悠久的传统文化。体育非物质文化保护的形式是多种多样的，不只有列入保护名录这一种形式，但列入名录是保护体育非遗的一个重要的步骤，需要全社会继续提升对体育非物质文化遗产的保护、继承，推动文化的繁荣发展。

（二）实现多领域协调推进的体育非物质文化遗产传承模式

第一，强化各级政府的执行能力。要充分发挥各个职能部门的指导协调功能，精确定位，统筹协调各个方面的力量，形成合力，协调有序地带动少数民族传统体育项目的全方位发展；助力乡村振兴、区域协调发展、体育强国战略等三大战略的精确执行，充分发挥与发挥少数民族传统体育多元价值体系，增强国家经济、政治、文化、社会和生态建设的主体意识。全面贯彻落实党的二十大精神和习近平新时代中国特色社会主义思想，落实好中央及地方有关会议的精神，根据《全民健身条例》《关于加强和改进新形势下民族工作的意见》《"健康中国 2030"规划纲要》《全民健身计划（2016—2020 年）》和《"十三五"促进民族地区和人口较少民族发展规划》等总体部署，大力推进少数民族传统体育文化的继承和发展，建设少数民族传统体育发展基地，丰富少数民族传统体育活动内容，强化内涵释放，推动全民健身与全民健康深度融合，不断满足人民群众日益增长的美好生活需求，坚持不懈地以推动民族团结教育，推动人民身心健康发展为核心宗旨，大力推动少数民族传统体育文化传承。

第二，充分发挥教育传导的基础性作用。在民族传统文化的传承和推广过程中，学校、家庭、社会这三方面教育都是主要的传播途径。三者紧密联系、互为支撑、缺一不可。在传统的民族传统文化继承方面，学校的教育不能包含朝鲜族传统文化的整体，也不能适应传统文化的继承需要，在时间、内容、形式、主题等各个方面都具有一定的局限性。所以，家庭教育的重要性尤为突出，家庭教育可以促进传统文化的传承，使文化通过潜移默化的方式更加通俗易懂、易于接受，使家庭教育能够补充学校教育短板。开设内容和形式新颖的课堂活动，中小学校在体育课中适当引入传统体育和体育非遗项目，也可作为课程加入体育课教学和游戏内容，激发青少年儿童的学习兴趣，在游戏中不仅可以使其体会快乐，还能锻炼身体，最终达到学习传统文化的目的。一些少数民族学校可以将体育非遗项目作为体育课必修内容，纳入课程大纲，并且根据自身需求侧重发展，形成自身特色项目。设置校内外协调发展的传承路径。积极开展社团活动，中小学在课余体育活动中纳入体育非遗项目，配备专门体育教师指导活动开设；高校体育社团鼓励少数民族学生主动创建传统体育项目社团或协会，传播传统体育文化。定期举办文娱表演活动，加入体育非遗表演元素，展示教学和学习成果，少数民族学校可以依托民族节庆开展相关表演活动。高校可以举办少数民族展览节、民族体育文化节、趣味运动会以展示少数民族多元的文化魅力和体育文化的多样性，使学生体验到趣味性强、参与性强、互动性强的民族传统体育项目。着重形成学校、家庭和社会的合力，相互配合，共同推动多民族传统文化传承人的发掘与培养。

第三，号召并鼓励广大群众积极参与。精确掌握少数民族传统体育发展的规律，坚持因地制宜、分类指导的原则，在推动全民健身事业、促进全民健身活动广泛开展、推动全民健身计划有序全面实施、提高全民族健康水平等方面发挥少数民族传统体育的重要作用。为做好少数民族传统体育工作，推动全民族健康，2000 年以来，随着全民健身受到不断关注，以朝鲜族为代表的吉林省少数民族，非物质文化遗产的保护意识逐渐得到普及，群众广泛参与的大型文体活动相继开展，并在活动环节的设置上突出民族文化特色，尤其是以非物质文化遗产项目为重要表现形式。近 10 年来，延边朝鲜族自治州几乎每年都会开展大型民族文化节或民族文化宣传展示活动，作为体育非物质文化遗产的希日木、秋千、跳板都会以独立环节出现在活动现场。各个相关俱乐部，培训、保护基地，民间团体和协会开展相关培训工作，邀请专家、传承人进行交流传授，根据项目特点和实行难易程度，社会机构分项目进行培训工作。除了加强建设基础健身场地之外，可以打造体育非遗主题公园、主题广场，或依托商场开办主题乐园，将体育非遗与现代人民的日常休闲活动结合起来。除在举办专门的业余大众赛、民运会中设置阳光组之外，特别是在一些少数民族聚居区，居民可以积极组织社区比赛，利用周末或农闲时期开展当地的传统体育项目比赛。还可以设置专门的益智类比赛，如把蒙古族鹿棋、蒙古族象棋、满族嘎拉哈、朝鲜族象棋、朝鲜族"栖戏"、花图游戏、民间游艺走五道整合起来举办"桌上比赛"。这些项目都是具有丰富趣味性、体验性，且便于社区开展的体育活动。

(三)传承场域的积累与延伸

体育非遗项目的源头地区和少数民族人口聚居区、发源地作为文化或文化承载物的源头，一直以来在我国都有不胜枚举的案例，如"某某之乡"的美誉更是层出不穷，近年来，为了保护和传承非物质文化遗产，从中央到地方各级部门陆续加大了支持力度，在体育非遗项目的源头和少数民族人口聚居区开展形式多样的文化活动，建立非遗文化传承基地和传习所。以希日木、秋千、跳板、弓箭等为代表的朝鲜族传统体育项目颇受延边州人民喜爱，因此，在当地具有很强的群众基础。为了均衡全省文化事业发展，促进各民族和谐共融，省内其他主要区域在保护和传承非物质文化遗产方面同样具有很强的场域作用。

微观场域内的田间地头和村镇集市。以朝鲜族非遗运动为例，古老的朝鲜民族一直过着男耕女织的田园生活，在劳动之余男子们为了消遣和展示健壮的身体在田间地头松软的沙地上进行角力。荡秋千一般分为单人和双人，在成为竞技化项目以后，早期用树枝或花枝吊在高空作为目标，以脚尖踢到或用口部咬住记为胜利，而后发展成为以触碰铜铃来区分胜负。跳板运动是朝鲜族女子的传统体育运动，大多在元宵节、端午节和中秋节等传统节日举行。随着有节奏的律动，身着朝鲜族传统服装的少女，在空中以优美的姿态旋转、空翻，做出各种动作。这两项活动是朝鲜族女性的标志性传统体育活动，早期多以休闲娱乐形式出现，后期逐渐发展为竞技项目。

群众休闲体育活动和竞技赛事活动。中国朝鲜族体育项目陆续制订、完善比赛规则和比赛方式，并逐步发展成为节日或重大活动中不可缺少的比赛项目。进入21世纪后的前10年间，延边州朝鲜族体育项目以希日木为代表有了新的发展。1948年，它由镇或县级的竞技项目提升为州级竞技项目。1953年11月在天津举办的全国第一届少数民族传统体育运动会上，希日木首次被列为表演项目。2006年，希日木被列为全国少数民族传统体育运动会的正式竞赛项目。

融入文创设计元素，提升产品附加值。可以将一些体育非遗游戏器具予以设计达到保留和宣传的目的。比如蒙古族的布鲁、蒙古族象棋、满族嘎啦哈、朝鲜族的花图游戏，在游戏器具的设计上加入现代美学的元素，让其看起来更加精美，甚至以工艺品的形式呈现，或者将花图游戏纸牌上的图案用于一些精美工艺品和装饰品上，将人们玩耍游戏时的情形进行美学设计，用印刷，雕刻，剪纸等等方式与美术、工艺相结合，设计出有创意，符合现代人审美的商品(如手账本、书签、帽子、口红等)，或者将品牌商品与博物馆联名形成系列商品，这样既可以达到宣传的效果，也增加了经济效益。大力推进非遗文化创意产业基地的构建。借鉴其他省市成功案例(如乌兰察布市，前郭尔罗斯蒙古族自治县），根据企业经营特点划分空间，如非遗传承区、展示区、餐饮区、体验区等；作为综合性的创业平台，入孵企业与市（县）中小企业服务中心签订入驻协议和入孵申请表，审核通过后入驻园区，可享受优惠政策支持。

第四节　观光化发展对于朝鲜族体育跨文化传播的作用

一、形成特色旅游文化资源

文化资源所涵盖的社会功能和教育功能，可有效提升地区文明进步程度。例如在朝鲜族文化中，人们通过民俗舞蹈向社会传递出敬畏自然的态度。开发与利用文化资源中积极的、正向的内涵元素，有助于增强地区文化氛围，推动社会进步。同时，体育观光能够促进精神内涵的传承与升华。朝鲜族传统体育活动形式多样，表现力强。旅游观光地区通过体育活动向前来观光体验的人群展示本地独特的民族文化形式，体育作为载体，不仅传承了少数民族地区人们吃苦耐劳、团结向上的美好品质，也形成了少数民族地区独特的观光文化风格。

二、拓宽体育观光形式

文化资源将社会现象通过各种形式表现出来，具有提振精神、带动生产、拓宽服务对象等功能。延边地区朝鲜族通过灵活开展各项集体活动，将民族传统文化巧妙融合进去。如各类"民俗博览会""民俗风情节""民俗展"等。朝鲜族地区体育观光可根据国民的娱乐需求，对文化资源进行加工，产生符合人们审美与需求的新事物。朝鲜族地区存在众多待开发的体育游戏、体育盛会、展现地方特色的体育器具等资源，可以利用人们的丰富想象力，拓宽地区体育观光形式。

三、提升体育观光产业附加值

文化资源具有提高地方和企业形象、增加产品文化附加值的潜在能力。2015 年，文化部牵头制订了《国家级非物质文化遗产代表性传承人抢救性记录工作规范》，启动了 268 名国家级非遗代表性传承人的抢救性记录工作。第四批国家级非遗代表项目保护单位认定 464 个。截至 2015 年末，国务院已经公布了 1372 个国家级非物质文化遗产代表性项目，文化部牵头认定了国家级非物质文化遗产项目代表性传承人 1986 名。截至本书写作时中国现有的 43 项非物质文化遗产项目纳入联合国教科文组织"人类非物质文化遗产代表作名录"，7 项入选"非物质文化遗产急需保护的名录"，还有 1 项入选"优秀实践名册"，总数位居世界第一位。

在国家非遗保护工作宏观产业化发展的前提下，吉林省以及延边朝鲜族自治州大力发掘体育非遗项目的产业化潜力，先后建立了体育类非遗项目及非遗文化场馆，推动文化产业发展。由于少数民族体育项目涉及体育非遗较多，在开展各项活动的同时，还需要大批体育项目民族文化特色器具，由此便产生了生产—供应—需求—消耗的产业链条。

四、提升民族文化自信心

开发利用文化资源，促进朝鲜族地区体育观光行业发展的前提是提升人们民族文化自信，增加民族文化氛围与民族文化认同。一方面文化资源在推动体育观光发展的同时，体育观光产业发展也保障了民族文化的传承。文化资源的开发与利用满足了游客的猎奇心理，参与体育活动又增加了游客的体验感，可将零散的民族传统体育游戏进行挖掘与整合，开发新的观光场所，让观光者们在此场所参与不同民族的体育项目，对高难度的危险项目进行创新，降低操作难度；场所对各个项目需辅以文字介绍，工作人员穿着民族服饰，并适当向观光者展示民族语言，在民族传统节日可举办民族庆典活动，在增强民族氛围的同时又加强了观光者对朝鲜族地区体育文化的了解。

第五节　小结

　　通过教育的传导效应使学生有更多的机会接触到朝鲜族传统体育项目，加深对朝鲜族体育文化的了解并能够参与其中。这样不仅培养了学生们的民族情感，而且也为朝鲜族体育文化的传承培养了传承人。非物质文化遗产的保护与发掘对于民族文化的传承与发展具有深远意义，从坚定党中央提出的"四个自信"角度来说，"文化自信"是核心内涵，非物质文化遗产工作的推进有助于通过文化角度培育各族人群的家国情怀，提升文化自信。作为中华民族大家庭中的重要一员，所有少数民族都应该紧紧地抱在一起。因此，将少数民族传统体育项目上升到保护非物质文化遗产的高度具有十分重要的意义，也是时代发展的必然。应深入推广和普及民族体育类非物质文化遗产保护工作，探索体育非遗的传播路径和模式。

第六章　体育推动跨文化传播的域内、域外、域内外相结合镜鉴

第一节　域内镜鉴：北京 2008 年夏季奥运会中的中国传统文化表达

2001 年 7 月 13 日，北京历史性地获得了第 29 届夏季奥林匹克运动会的举办权。从那时起，中国人民把对奥运的激情和梦想化作了 7 年的努力与奋斗。为办好北京奥林匹克运动会，展现中华民族五千年悠久的历史和灿烂的文化，突出人文奥运，表现奥林匹克精神，中国投入了大约 142.56 亿美元，用于环境保护（60.5%）、交通（25.8%）和体育设施的建设（10.0%）。[①] 北京奥运会作为国家项目，在 2 700 个昼夜里，围绕奥运场馆筹备任务组织了 1 200 余项的科技攻关，来自全国各地的 26 万名建设者夜以继日地工作，以"和谐之旅"为主题的北京奥运圣火，在世界 5 大洲 19 个国家、全国 105 个城市和地区传播，成了历史上规模最大、传递路线最长、参加人数最多的夏奥会火炬接力。可以说，自北京奥运会申办成功之日起，中华民族悠久文化的跨文化之旅就已经开启。2001 年开始中国通过位于巴黎的香榭丽舍大街盛装游行、"北京风情舞动悉尼""福娃送吉祥"等外宣活动，不断扩大北京奥运会的国际

---

① Brunet F, Xinwen Z. The economy of the Beijing Olympic Games: An analysis of first impacts and prospects[R]. Recercat Principal, 2009: 7.

影响。此外，涌现出 100 多万名社会志愿者、40 多万名城市志愿者、20 多万名啦啦队志愿者以及 10 多万名赛会志愿者，总累计服务时间超过 2 亿小时，凸显了中国对北京奥运会的重视程度，不仅在于它是国际性的体育赛事，更是借助奥运会所特有的公共仪式的感染力获取对国家和文化的认同。

法国人类学家范·根纳普（Arnold van Gennep）的仪式理论（rites of passage）表明，分离、阈限和聚合三部分组成了人生仪礼与时间仪式，人们在体验了这样的通关仪式后，就会实现新旧不同性质的转变。[①] 特纳认为：“一切社会都有通关仪式，但这种仪式往往在小范围的、比较稳定的循环变化中达到最大限度的表现”。[②] 国家的发展同样如此。从古至今，几乎所有的国家都会在它发展的特殊时刻定期或不定期举行某种相关的仪式，以通过阈限期的模棱两可，来赋予社会发展的各阶段以特别的意义，从而使国家在每一个新阶段获得国民、社会要求于他的新身份、新地位，并区别出发展的不同阶段的特征与性质。就像中国的传统节日春节，由于除尘与拜年直接与排中律发生联系，除旧与迎新，如果没有一个特定的方式分隔开来，那么这两种稳定“状态”的转换，便是阈限阶段的模糊不定的时空，“通过”的表达便显得更为紧急且充满焦虑感。因而，贯穿春节民俗现象背后的便是国家、群众对它的重视。除夕守岁在行动上为除旧或迎新的过渡提供了“中间性”的缓冲，丰富了对立关系。所以，任何仪式的所谓“通过”，其实就是凭借仪式的形式来交换赋予其象征价值的社会认同。[③] 北京奥运会正是国家“阈限”与“通过”的分水岭。经历百年斗争而浴火重生的中华民族，新中国成立使得中华民族伟大复兴之路开启，经历改革开放的中国，在文化、社会、经济、制度等方面均取得了举世瞩目的成就，北京奥运会的成功申办，是一次向世界展示中国形象，讲述中国故事的有利契机，对于东西方文化的交融有着无与伦比的历史意义。

① 萧放. 春节习俗与岁时通过仪式[J]. 北京师范大学学报(社会科学版)，2006(06)：50.
② [英]维克托·特纳. 模棱两可：过关礼仪的阈限时期[M]. 金泽，等，译. 20 世纪西方宗教人类学文选，上海：上海三联书店，1995：75.
③ 彭兆荣. 人类学仪式的理论与实践[M]. 北京：民族出版社，2007：193.

一、"同一个世界，同一个梦想"蕴含的中华民族思想文化

能够创造和运用语言以及与之相似的其他象征性符号，是人类区别于其他动物的最重要特征。美国人类学家鲍亚士（Franz Boas）提出："必须将语言研究看作是民族学研究最重要的分支，因为语言的独有特征可以清晰反映在世界各民族的观念和风俗中。"①因此，如果想要探究中国政府如何将自身的政治文化融入开幕式对"和"文化的表现中，那么对北京奥运会的主题口号这一国际语言的研究至关重要。语言由意思明确的人为符号组成。随着文化的发展，人们不仅赋予语言时代的词汇，而且也赋予其各种象征意义。因为语言的产生依赖于人们的行为准则，人为地赋予其应有的含义。所以，语言也具备文化的特殊功能，给特定群体和特定社会环境贴上特定的文化标签。2005年1月1日，北京奥组委通过官方网站，以中、英、法3种文字，正式向全世界发出征集北京奥运会主题口号的邀请。

应征口号要满足全面概括"绿色奥运、科技奥运、人文奥运"三大理念，突出人文，在兼具时代性基础上体现中国特色及北京地方特色；简洁明快，朗朗上口，情感丰富，直抵人心；中英文兼顾，体现民族性和世界性特征；突出北京在举办奥运会的基础上，还注重奥林匹克的永恒价值。2005年1月31日，北京奥运会口号征集活动结束，总计收到应征信件20161封，应征标语共计21万条。应征信件分别来自中国大陆所有省、市、自治区，港、澳、台地区，以及欧美等数十个国家和地区。应征口号普遍为中文和英文，也包括部分法语、西班牙语、葡萄牙语。工作人员从21万条应征口号中初选出了800条。对这些口号进行归纳后发现，出现频率最高的是"和谐"（Harmony）、"梦想"（Dream）、"团结"（Unit）、"分享"（Share）、"友谊"（Friendly）、"携手"（Join）、"未来"（Future）、"和平"（Peace）和"爱"（Love）。这些关键词与中国在国际社会提倡的和谐共赢立场以及与北京奥运会的和谐、文化、分享的核心价值不谋而合。2005年2月16日，从800条口号中进一步选出了70

---

① ［美］拉尔斐·比尔斯. 文化人类学［M］. 骆继光，秦文山，译. 石家庄：河北教育出版社，1993：13.

条口号作为备选口号。如果所创作出的奥运口号能让全世界的人们简单、清楚地理解，那么便容易让人们产生亲近感，更容易被接受。各国语言学学者们多次比较"梦想(Dream)"与"未来(Future)"的不同。专家们认为梦想和未来都是与奥林匹克有着较强联系的概念，在任何社会文化背景下，"梦想(Dream)"都是一个让人动情的词语，体现了对于"希望"的美好和乐观的态度。这样，北京奥运会的英文口号——"One World One Dream"，最终在中外专家的赞许声中浮出水面。"同一世界、同一梦想""同一个世界、同一个梦想""四海一家、共创未来""四海同心、共创未来"成为备选方案。最终确定了以"同一个世界、同一个梦想"为中文口号。① 2005年6月9日，北京奥组委第54次执委会，全票通过了北京奥运会口号方案，也得到了国际奥委会的认可。

从北京奥运会主题口号的产生过程，可以看出语言的功能无论在文化还是人类的身份识别中比纯粹具有象征特征的器物有更深远的意义。奥运会主题口号所代表的国际语言能起更多的作用，它的产生是相关人员在已有社会经验和所掌握的历史传统相互作用的最终结果，这一结果的产生必定与他们的文化背景相联系。"同一个世界，同一个梦想"从语法结构上看属于并列句，"同一个世界"与"同一个梦想"字数相同，是中国传统"中和"思想的表现。"中和"思想在中国源远流长，从上古尧、舜起始，一脉传承于禹、汤、文、武、周公、孔子、孟子以及汉、唐、宋、明、清乃至近现代，延续了几千年。② 早在原始氏族的社会，尚"中"观念就非常盛行，中国古代典籍中保存着特别丰富的材料。"中"的原意并不是像现代语言学中所解释的中间的"中"，应该是哲学家所理解的"不偏之谓中"，是恰到好处的意思。"中和"思想并非中国古代哲学家凭空猜测出来的，而是有着普遍的客观基础。北京奥运会主题口号中所暗含的中和思想，是中国政府向世界所传递的中国人所追求的社会政治理想。因为，在中国数千年的历史长河中，人民群众厌恶了剧烈的社会冲突、纷争与动荡，渴望得到一种宽松、平静、安乐的社会环境。

---

① 北京市地方志编纂委员会. 北京奥运会志[M]. 北京：北京出版社，2012：7
② 程静宇. 中国传统中和思想[M]. 北京：社会科学文献出版社，2010：3.

正如萨丕尔在《科学语言学的地位》中阐述的，社会现实的向导就是语言。尽管语言不为社会科学研究者所重视，但是它有效地影响我们对社会问题和社会进程的思考。人不能独自地生活在客观世界中，也不会像一般人所理解的那样，孤独的在世界中活动，它完全受成为表达这个社会手段的特殊语言所支配。① 从英文句式上看，"One World, One Dream"组成简单、易懂的并列句式，不仅让人们读起来顺口，让人们产生的联想也是同样美好的。"One World"有着同一个家，理解、包容，和谐、和平的联想意义，而"One Dream"则是童年梦想、人生梦想的体现，给人以强烈的感召力。

二、"人文奥运"理念对外传播中华民族文化内核

在北京奥林匹克运动会筹备期间的宣传中，"绿色奥运、科技奥运、人文奥运"这三大理念是报道的核心，并把其分阶段、分主题地进行集中宣传。其中，"人文奥运"有着最为丰富的内涵、最为广泛的涉及面以及最为深远的影响。围绕"三大理念"宣传，从 2005 年至 2008 年，北京主要新闻单位开展大规模报道 6 次，全国主要新闻单位在北京集体采访 8 次，中外记者开展集体采访 40 多次，北京奥运新闻中心共召开了 60 余次专题新闻发布会。② 多家媒体在其选题设置中把"三大理念"作为宣传重点。

首先，人文奥运的基本内容。1998 年，北京奥组委在申办第 29 届奥运会时提出了三大理念。其中人文奥运的基本内涵主张宣扬奥林匹克精神，发扬中华民族灿烂文化，促进东西方文化交流合作，充分体现"参与奥运、得益奥运"，充分展现"中国风格、人文风采、时代风貌、广泛参与"的特色。③ 从词源上说，"人文"一词最早见于《易·贲卦》，即"观乎天文，以察时变。观乎人文，以化成天下。"④其意是指通过教化与教育的方式，来确定和巩固人本身以及人与人之间的关系。作为北京市哲学社会科学规划项目之一，中国人民大学人文奥运研究中心所做的《人文奥运理念研究》课题，历时三年，对"人文

---

① 萨丕尔·爱德华. 国际辅助语言的功能[J]. 罗曼评论，2019(11)：4-15.
② 郭晴著. 北京奥运与舆论引导[M]. 体育新闻与传播研究丛书. 北京：人民体育出版社 2011：23-28.
③ 龙新民."人文奥运"的破题与实践[J]. 北京社会科学，2009(03)：25-28.
④ 易经[M]. 张景，张松辉. 北京：中华书局，2010.

奥运"理念进行研究并得出了以下研究成果：第一，人文奥运是文化的奥运。
文化是中国面对全世界最为深厚的底蕴。中国传统的"和文化"，经过当代转
变，对现代西方国家具有重要借鉴和启示意义。人文奥运，是全球不同文明
的融汇，是列国文化进行交流的盛会。奥运会是全世界超种族、超文化、超
等级、超地域的全球化庆典，整个奥运周期就是一场多元文化相互融合的仪
式现场。它是全世界各民族文化之间对话、交流、沟通的特大的现实平台，
世界迎来中国，北京触摸世界。第二，人文奥运是人本的奥运。人文奥运是
以人为本的奥运，它关注人、热爱人、提升人、追求人本质力量的自由实现，
人的全面协调发展促进了人类对个体本身可贵、不可轻的不断认知、无穷珍
视。人文奥运的主要意义在于发展和弘扬奥林匹克的生活哲学。第三，人文
奥运是人民的奥运。它反映了中国人民的关切，它是民众的奥运、生活的奥
运，是以民为本的奥运。人文奥运有着以民为本、全民奥运、全民健身的内
涵，不只是对奥林匹克精神的扩展与发扬，也是对现代奥林匹克文化的创新
与发展。第四，人文奥运的灵魂是和谐。三大奥运理念，体现了环境、科技、
文化的主题，深刻反思和谈论了三大主题与人的关系，倡导环境、科技、文
化的和谐发展。和谐的宗旨，既是奥林匹克与中华文明的最优结合点，也是
作为北京 2008 年奥运会理念的人文奥运与作为北京都市发展战略的人文奥运
的最佳结合点。①

　　从以上对"人文奥运"理念的研究论述中，可以发现北京奥运会所提出的
"人文奥运"理念，可以从中国传统文化的现代化、以人为本、以民为本和人
与自然、社会的和谐这四个方面来理解，而这四点正是中国新儒家思想所强
调的。新儒家指 1919 年中国发生"新文化运动"以后，全面西化的潮流在中国
的影响不断扩大。文化是不断发展的社会创造意义的过程，所以它会有适应、
变化和融合的趋势。了解各种文化形式的意义，不能单单地把它固定在一种
文化内部，而应看它是怎样适应不同文化的交融与碰撞。人文奥运理念的提
出也体现了新儒家的思想，它将中国传统文化与现代奥林匹克精神相融合，

---

　　① 冯惠玲，魏娜. 人文之光：人文奥运理念的深入诠释与伟大实践[M]. 北京：中国人民大学出
版社，2011：159.

传承和发扬了奥林匹克精神。儒家思想起源于古代的"六艺"教育，经孔子构建，并经孟子、荀子、董仲舒、韩愈、周敦颐、二程、朱熹等发扬光大，逐渐发展成了一个完整的思想体系。儒家思想的内核是对人的关切："道者，非天之道，非地之道，人之所以道也，君子之所道也。"①此外，在儒家的思想中，有一个生活的最高准则，那就是以"仁"为目标的道德境界。《论语》中"仁"字出现了 109 次，孔子对于仁的态度是夸赞、是提倡，将仁作为修己、为政的最高理想和行为准则。孟子也主张重视道德理想教育，提倡"尚志"，实现"仁"和"义"，把实行仁义道德作为最高志向和坚定信念。荀子则以"仁"为君子之学也，以美其身为准则，注重高尚志趣和道德品质的培养。《大学》更加鲜明地提出教育的根本任务是"在明明德"，即加强道德修养，提高人文素质。可见，儒家思想的推广和传播，在于对人的教育和对人的关注。《奥林匹克宪章》也指出："奥林匹克主义是增强体质、意志和精神并使其全面发展的一种生活哲学。奥林匹克主义寻求体育运动与文化和教育相融合，发明一种以奋斗为乐、发挥优秀榜样的教育作用并尊重基本公德标准为基础的生活方式。"②在这里，奥林匹克主义强调人对生活意义的追求，希望通过教育维护个人尊严，突出了现代奥林匹克运动对人的关注。人文奥运理念与奥林匹克主义具有共同的思想基础，它是新儒家思想在文化全球化过程中不断适应、融合的产物，也是中国政府在文化全球化过程中极力推广中国传统文化，彰显政治文化优势的方式之一。

其次，人文奥运与中国的国家形象。20 世纪以来，特别是在冷战时期，各国政府开始意识到国家形象建设的重要意义。国家形象展示了国家的综合实力，全球化背景下的国家形象建设不仅可以获得国内民众的支持，也可以扩大其国际影响力，提升本国在国际舞台上的地位。在悠久漫长的历史长河中，中国与其他国家不断相互交流、碰撞、融合，在这种不断的交流碰撞中，中国的国家形象在世界舞台上不断发生变化：第一，两汉以来神秘富饶的国家形象。"丝绸之路"作为当时的主要象征，打通了亚洲与欧洲的文化通道。

---

① 易经[M]. 张景，张松辉，编译. 北京：中华书局，2010：23.

② International Olympic Committee. Olympic Charter[Z/OL]. （2014 - 12 - 08）[2023 - 03 - 19]. https：//www. olympic. org/documents/olympic-charter.

盛唐时期古老的中国文化发展到举世瞩目的高度，形成了"唐文化圈"，中国"天朝上国"的形象逐渐形成。第二，明代开拓进取的国家形象明成祖命郑和统率庞大的船队远航，创下了郑和七下西洋的壮举。第三，从明中期开始，中国开始实行闭关锁国政策，这种政策在清朝得到传承并呈现扩大的趋势。封建思想浓厚，唯我独尊，故步自封的意识限制了中国的发展，逐渐使古老的东方文明在世界文明在发展中失去了优势。第四，落后就要挨打的历史教训。随着西方列强的不断强大，在封建思想笼罩下的清末，列强不断进犯我国。刚刚建立起的中华民国政府在自身局限性难以突破的情况下也无法带领中国人民走出困境，反而使帝国主义列强不断蚕食古老的中华大地。第五，无产阶级的人民组织打破历史僵局。中国共产党的建立使红色光芒普照中华大地，先后有大批西方记者前往中国，进入解放区、根据地等红色政权领导下的地区，用他们真实的体会和观察记载了许多画面。面对新中国成立以来，我国所取得的翻天覆地的变化以及对世界发展所做出的历史贡献，一些西方国家出于对其利益或意识形态的根本对立等因素，在国际社会中散播不利于中国形象的舆论，在军事、经济、粮食等领域，到处散播"中国威胁论"等不当观点，不停地对中国进行扭曲宣传，企图在国际社会中树立一个"妖魔化"的中国形象。[①] 中国独创的展现给世界的中国形象，其代表就是北京奥运会"和谐中国"的形象。在这一"和谐"的形象里，也包含了想要与世界加强联系，强化合作的意思。

　　人文奥运与中国的国家形象的塑造。在古代中国，个人或者群体处于相对稳定的社交群体以及稳定的生活和生产空间中。虽然不断有战争和动乱的侵扰，但整个中国内部因为相近的地理位置和相近的文化习俗，形成了一种以族群、血缘、地域、文化习俗等因素相联系的认同关系，这种认同是古代中国约束人们行为的基础，也是维系国家稳定的根本力量。在中国现代化步伐逐渐深入、现代化推动中国社会变革的同时，财富、荣誉、地位、技能、知识、福利、权力、安全等有形或无形的"价值"，在国家内部出现了分配不均衡的情况。Werner Meissner 认为不断寻求认同，已经成为个人、团体、国家处于困难时期找到安全平台的最佳方式。个人和国家认同并不是稳定的，

---

① 赵元恩. 北京奥运会的中国国家形象传播分析[D]. 南京：南京理工大学，2012.

而是不断变化的，每个个人、组织和国家在遇到挑战、危险或者崩溃时总是不断刷新对"他"的认同。这就是认同危机，不断寻求新的认同的过程，是接受的过程，也就是在传统元素和新的挑战之间寻求新的平衡，而一旦新的平衡实现了，新的认同也就被重新建立了。① 中国政府通过北京奥运会提出了"人文奥运"的理念。举办奥运会的国家重视奥运会所带来的利益，利益的内容各种各样，北京奥运会带来的利益大体如下：随着经济全球化的到来，中国需要在国际范围内谋求新的国际地位，打造中国在国际上的新形象；另一方面，对于中国国内，政府同样需要进一步加强中华民族的凝聚力。1999 年 9 月 6 日，在北京奥林匹克运动会申办委员会(以下简称"奥申委")成立大会上，北京奥申委宣布向社会公开征集主题口号。11 月 5 日，北京奥申委举行申办主题和口号、会徽图案征集工作座谈会，邀请国务院新闻办、体育总局、中国社科院、中新社等 14 家涉外单位、学术研究机构、高等院校、新闻单位以及广告公司等座谈研究口号选用工作的指导思想、基本原则和组织运作方式。北京奥申委在准备《申办报告》和征集奥运申办口号的过程中，逐步形成明确的北京申办奥运会的宗旨和理念，提出"绿色奥运、科技奥运、人文奥运"的申办主题。2002 年 7 月 13 日，《人文奥运行动计划》颁布，其指导思想是："发扬奥林匹克精神，传播中华民族优秀文化，展现北京历史文化名城和市民良好精神的风貌，促进中外文化的交流与融合，加深各国人民之间的了解、信任与友谊；突出'以人为本'，以运动员为中心，努力创建与奥运会相匹配的自然、人文环境，提供优质服务；遵循奥林匹克宗旨，以举办奥运会为主线，开展丰富多彩的文化教育活动，丰富全体人民的精神文化生活、促进青少年的全面发展；以全国人民的广泛参与为基准，推动文化体育事业的繁荣发展，提升中华民族的凝聚力和自豪感。"②中共北京市委、北京市人民政府、首都文明委、北京奥组委于 2005 年 2 月 24 日印发了《关于实施〈人文奥运行动计划〉的意见》，为更好地贯彻落实 2002 年制定的《人文奥运行动计划》。为了保证《人文奥运行动计划》的全面执行，把提出的各项任务、指标统一划分到国家"十一五"发展规划中，并纳入北京市各地区、各部门的中长期

① Werner Meissner. China´s Search for Cultural and National Identity from the Nineteenth Century to the Present[J]. China Perspectives, 2006.

② 陈婉青，陈伟，向红. 析人文奥运与北京和谐社会的构建[J]. 成都体育学院学报，2007 (01)：6-9.

规划中。

最后，中国对"人文奥运"理念与国际关系的处理方面也采取了行之有效的措施。从制定《行动计划》到颁布《意见》，以及为确保规划顺利完成，从法律层面颁布了许多政策，并通过国内的各种媒体大力宣传，以促使"人文奥运"理念在国内和国际社会中被认同，从而树立新的国家形象，促进社会和谐。

《北京2008第29届奥林匹克运动会国际奥委会协调委员会最终报告》提交给了国际奥委会执行委员会和国际奥委会委员，作为一份奥运会后的详细分析报告，该报告对北京奥运会的主要经验和教训进行了陈述。国际奥委会前任主席罗格在致辞中说，北京和中国从奥运会中获益良多，他们以此为契机向世界展示了中国丰富的文化，中国人民出色的能力，中国人民建设一个更加美好、可持续发展的未来的愿望以及他们开放的姿态。奥运会和残奥会还提供了一个强有力的平台，借此提高保护残疾人权益的意识和行为，并进一步为他们提供更多的机会。奥运会应该被视为一座桥梁，一座各国、各大洲、各种文化、各种信仰和各年龄层之间沟通的桥梁。2008年北京奥运会成功做到了向世界展示中国文化，将中国文化与国际社会相融合，让世界更加了解中国，中国更加了解世界。[①] 报告还指出，从开幕到闭幕，卓越和精确贯穿整个奥运会始终。通过世界顶级水平的转播，北京2008年奥运会打动了全球数十亿观众的心。同时，报告还指出北京奥运会成功的原因有很多，最关键的因素是中国人民开放的态度，中国对于国际惯例和不同管理方式的开放态度以及乐于学习的姿态被证实为是奥运会取得成功的关键，也是中国未来举办重大活动的一项重要遗产。

可以看到中国政府在北京奥运会期间为树立新的国家形象而对国内和国际大众进行的有针对性的"人文奥运"理念的文化传播，正以微妙的方式影响着国家形象的构建。正如国际奥委会对北京奥运会的总结报告中所讲的，没有任何人期望国家形象会在短时间内有很大改善。"和平崛起"的理念是中国在亚洲甚至世界中做出的重要贡献，它是现代中国在自己的角色定位、中国今后形象的定位。然而，要想超越这个"大国崛起困境"，中国也要在国际文化方面承担更沉重的压力。

---

① 国际奥委会. 北京2008年第29届奥林匹克运动会国际奥委会协调委员会最终报告[R/OL].
（2010-04-29）[2022-09-13]. http：//www. gov. cn/jrzg/2010-04/29/content_ 1596105. htm.

三、中国传统器物文化在奥林匹克仪式上的故事表达

第一是桃树及产物。桃树在中国已经有两千多年的栽培历史。在漫长的历史流变中，在中国人心目中桃树并非简单的果木，它一直被称为"神木"，其花、果、木都被赋予了与人类生活密切相关的文化象征。在上古巫术的文化、图腾的肥沃土壤上，早就成了"人化自然"，各个时代的中国人用各自的时代文化不断浇灌它，使之积淀了深厚的文化内涵。中华民族的生命意识和审美情趣，凝聚为一颗颗丰硕的桃果，每一颗桃实都蕴藏着中国古代先民的生存印迹和美好愿望，包含了一个个动人的传说故事。① 同时，桃子在少数民族民间文化中也有文化意蕴，有图腾的信仰，有繁衍的信仰，有驱病除邪的寓意，也有丰收的预兆。小说《西游记》中孙悟空大闹王母娘娘蟠桃会，偷吃王母娘娘"蟠桃"的故事，是从宋朝的《大唐三藏取经诗话》、元朝的《宴瑶池王母蟠桃会》、明朝的《蟠桃会》一直到吴承恩的《西游记》，被演绎得栩栩如生。我国历来有尊老祝寿、敬老敬寿的习惯，每当节日或晚辈为老人祝寿时，一般以"寿桃"为礼仪，或画一幅"寿星捧桃"图以表达祝福和吉祥。古时，认为桃树是"仙人之木"，觉得桃树可以驱邪治鬼。《左传》也有"桃弧棘矢，以除其灾"的语句，即用桃木造弓可消灾避祸。在少数民族文化中，土家族人家有小孩患病时，家人即请梯玛替其驱邪治病，"梯玛咬破鸡冠，取血涂在患儿前额，然后一手拿鸡和桃树枝，一手把用水泡过的大米从屋里往门外洒，口中念咒语，边洒边用桃树枝驱赶"。② 桃花在中国人心中的象征意义还表现在对女子的赞美和对美好生活的向往，"桃之夭夭，灼灼其华。之子于归，宜其室家"，这句出自《诗经・周南・桃夭》的古诗，以桃花的灿烂象征将要出嫁新娘的美丽容貌，表达了人们对新婚夫妇的爱情像桃花般绚丽的祝福。魏晋时期陶渊明所著的《桃花源记》在当今中国更是家喻户晓。世外桃源，在中国常常指一种空想的脱离现实争斗的美好世界，它是一个人最高的生活理想境界的代名词，相当于西方的极乐世界或者天堂。千百年来，勤劳勇敢的中国人无不苦苦追寻、营造自己想象中的"世外桃源"。

第二是缶。历届奥运会在开场前总有一段热烈的欢迎仪式，中国有着自

---

① 王卫东. 桃的象征和文学意蕴[J]. 东方丛刊，2000(2)：57-68.
② 马昌仪. 土家族巫师梯玛——湘西土家族梯玛文化调查报告[R/OL]. (2017-7-29)[2022-07-23]. https://www.chinafolklore.org/forum/redirect.php?tid=26355&goto=nextoldset.

己的表达。缶是中国古老的打击乐器，使用陶土或者青铜制成，早在夏商时代就存在"击缶而歌"的表现形式。北京奥运会开幕式动人心魄的"缶阵"表演，给世人留下了难忘的记忆。总导演张艺谋在访谈时指出："有人可能会猜想到我们会用锣鼓，但我们拿出来的形式一定要让世界惊奇，继而恍然，我们要用世界的语言去讲述中国，开幕式使用的一切表达手段，都必须脱俗，因此选用'缶'"。《洛杉矶时报》针对北京奥运会开幕式编写的《中国令人印象深刻的场地设置》的新闻报道中描述："当缶打响时，随着鼓手的敲动，缶声震天……我不认为还会有其他形式可以超过它。"①仪式中充满了象征符号，或者说仪式就是一个巨大的文化象征载体，任何对于仪式的研究都不会放过仪式中的象征符号。分析击缶而歌这一欢迎仪式所具有的社会历史的叙事功能和目的，需要我们在与自然象征主义的互动认知基础上，理解人的行为、身体姿势、声音等符号系统所传达的知识、信仰等信息。法国社会人类学家克洛德·列维·斯特劳斯认为："文化是最复杂整体……需要通过根植于象征意义的讯息进行解码来解释。"②英国人类学家埃德蒙·利奇也指出："要了解象征的意义，需要深入具体的人种学语境进行探讨。"③中国素有礼仪之邦之称，所以中国的古代文化又被称为礼乐文化，"礼"是分析中国文化、探寻其内涵象征意义时绕不开的话题。"礼"在中国的产生与物质文明的发展、日常积累的习俗以及人们原始的偶像崇拜有着密切的联系。"礼"作为礼仪制度被正式制定出来是在西周时期，相传由周公制定。《尚书·大传》中记载："周公摄政，一年救乱，二年克殷，三年践奄，四年建侯卫，五年营成周，六年制礼作乐，七年致政成王。"④周公制礼的出发点和目的是"尊""亲"。"尊"代表忠，"亲"代表孝，政治与伦理相统一的理论，就是封建社会对于礼的思想基础。中国古代礼仪制度的发展，正是在这一思想的基础上不断完善的，在孔子、孟子等人"克己复礼"的努力下，形成了影响中国几千年并占据正统地位的儒家文化。儒家把"仁"作为最高道德规范，注重以礼治国，希望通过礼的运作实现对人的教育和人性的转化。子曰："道之以致，齐之以刑，民免而无

①　Mike Downey. China's dazzling place setting[EB/OL]. (2008-08-09)[2022-08-19]. http://articles. latimes. com/2008/aug/09/sports/sp-olydowney9.

②　Clifford Geertz. The Interpretation of Cultures[M]. NewYork：Basic Books，1977：4.

③　Brian Morris. Anthropological Studies of Religion[M]. Cambridge：Cambridge University Press，1987：222.

④　(清)皮锡瑞. 尚书[M]. 吴仰湘. 北京：中华书局，2022：97

耻；道之以德，齐之以礼，有耻且格。"①儒家文化对中国民族文化、民族心理和民族性格的形成与发展起到了至关重要的作用。所以，击缶而歌既是北京奥运会开幕式的欢迎仪式，又是中华民族好客、重礼等儒家行为规则的最直接体现。无迹可寻、无章可查的击缶表演形式，在北京奥运会开幕式编导组的努力下被创造了出来。这一系列仪式化的击打行为，是由一连串表面无意义或具有实际功能的行为组成。2008 名鼓手击打缶，动作忽快忽慢，整齐划一，这些行为符合我们日常观看中国大型鼓乐文艺表演的盛况。然而，当我们仔细观察每个人的动作时，会发现它们与以往的打击动作有所不同。缶阵的鼓手在击打缶时似仰面长啸、又似练习太极，继而又会双手张扬，向天微笑。这一系列的姿势具有象征的意义，而当意义、交流和表现的重要性超过功能和实用目的时，"仪式化"便开始了。学者卡普拉认为："并非所有的行为模式都能构成仪式化，但仪式化行为的每一环节都以一种类似舞蹈的反映人与生态环境相互作用的过程为前提。"②在击缶的表演中，无论是双手齐天、仰面长啸还是"斜打削面"等仪式化行为，大多都与人们日常生活、丰收庆祝等有关，中国人对人与天地、人与自然的理解与虔诚，都融入在了仪式表演的过程中，表达了人与自然、传统与现代、中国与世界和谐幸福的美好祝愿。然而仪式化行为包含了系统性或偶然性的行为反应因素，也就是说在一个行为表达后可能会有两种情况存在，例如一个中国人与一个法国人相遇行亲吻礼，往往会出现不理解尴尬面对与理解并欣然接受的两种情况。此时，我们会发现一个问题，在击缶表演中无用或者无目的的行为并不像它们刚开始排练时那样没有意义。双手齐天、仰面长啸换个思维角度，其实是表达一个文明古国正敞开博大的胸怀，在改革开放的时代背景，欢迎来自全世界的宾客，彰显"有朋自远方来，不亦乐乎！"的大国风范。同时也是面对汶川地震等国家危难，万众一心、众志成城的自信，这是一种有目的性的交流方式，即便这种意义是间接地或是抽象地被表达出来。当我们了解这些之后，就要重新对击缶表演的仪式化行为进行思考，击缶表演要求 2008 名鼓手承担体现象征意义以达成交流的责任，而不仅仅是展示表演，以希望引导观众通过对表演形式的内在品质的观赏享受，而引起对击缶表演行为的特别关注，并自觉融入击缶表演所象征的仪式活动中来。

---

① （春秋）孔子. 论语[M]. 杨伯峻. 长沙：岳麓书社，2018：18.
② Capra F, Mansfield V N. The Tao of Physics[J]. Science & Consciousness, 1976, 29(08)：56.

四、中国传统建筑文化的国际化表达

为了筹办北京奥运会，中国政府建设了许多体育场和相关设施（奥运会公园），而政府的文化信息也潜藏在这里。本部分以作为主要的运动场的"鸟巢"（国家体育场）和"水立方"（国家游泳中心）为例，分别从他们的设计理念进行分析，来解读文化内涵。

国家体育场"鸟巢"坐落于北京奥林匹克公园中心区的南侧，建筑面积25.8万平方米，占地总面积20.4万平方米，固定座席约8万个，可以容纳91.0万个观众座席。鸟巢是有着100年使用年限的主体结构设计的特级体育建筑，以椭圆形为主，南北长333米、东西宽296米，最高处高69米。鸟巢于2003年12月24日开工，于2008年6月28日落成。在北京奥运会期间，开闭幕式、田径赛事和足球决赛等都以鸟巢作为主会场。精彩绝伦的开闭幕式表演与鸟巢恢宏大气的结构交融在一起，令世人惊艳。为顺利举行第29届奥运会，以"绿色奥运、科技奥运、人文奥运"为宗旨，并达到既满足赛事需要，又有利于城市长远发展的目标，北京确定了北京奥林匹克公园和五棵松文化体育中心两处大型奥运会设施集中建设场地。2002年3月31日起，北京历时3个月向国内外公开征集两处大型奥运会设施规划设计方案。2002年7月2日起，由来自国外7人和国内6人，共13人组成的高规格评审委员会开始对接收的89个规划设计方案进行评审。这些方案包括：奥林匹克公园规划设计方案55个；五棵松文化体育中心规划设计方案34个。境外方案来自美国、澳大利亚、德国、法国、日本等国家。2002年10月，向全球公开发布奥运项目资格预审和意向征集文件，同时，北京《国家体育场（2008年奥运会主体育场）建筑概念设计方案》举行国际竞赛。经过对参赛设计单位和联合体的资格审查，来自中、美、法、意、德、日、澳等十多个国家和区域，7个独立参赛单位和7个联营体参赛单位参加了概念设计方案的角逐。2003年4月，经过严格的评审过程和群众投票，由瑞士Herzog & de Meuron设计事务所、奥雅纳工程顾问公司及中国建筑设计研究院设计联合体共同设计的"鸟巢"方案，由于其设计新颖、结构独特，最终中选。至于建筑设计的理念，由于建筑不是虚幻地浮在空中，它跟一个民族的文化、理念、思维方式紧密相关，因此设计师自身的文化背景、教育背景、社会背景对建筑的形式与建筑理念的把握尤为重要。"鸟巢"与众不同的设计方案被赋予无限的想象空间和精湛的艺术表现力，其原因也正基于此。2008年3月11日，北京国家体育场鸟巢获得英国设计博物馆评选的建筑设计奖。为了达到设计的最佳效果，Herzog和de Meuron一直在寻一种建筑与材料之间的特殊相遇，他们不把材料区分等级，也不特别偏爱哪一种，砖、混凝土、石头、木头、金属、玻璃，甚至文字、图画、颜色、气味，所有可能的材料和形式都为他们所用。Herzog指出，自己的设计哲学是基于常识的设计（knowledge based design），这需要不停地学习，而研究便是一种学习的过程。① 最终，Herzog & de Meuron事物所以总长36千米的灰色钢条，将主场馆像编竹篓般地建成一个长330米，宽220米，高69.2米的镂空构造体，鸟巢便由此诞生。

国家游泳中心"水立方"坐落于北京奥林匹克公园内。是2008年北京奥运会标志性建筑物之一，总建筑面积约10万平方米。2003年1月15日，国家游泳中心建筑设计方案面向全世界招标。2003年3月1日，国家游泳中心建筑设计竞赛资格预审评审结果表明，共有33家符合资格的著名设计单位或设计联合体报名参加，分别来自澳大利亚、法国、英国、美国、德国、希腊、荷兰、丹麦等12个国家。10家设计单位（联合体）经北京市政府同意，正式成为此次国家游泳中心建筑设计竞赛的参赛人。2003年7月29日，国家游泳中心的设计方案B04号参赛方案，也就是现在的"水立方"设计方案，正式被确定为国家游泳中心的设计方案。该方案由中国建筑工程总公司联合澳大利的公司共同设计。针对水立方的设计过程和理念，CCTV纪录片《为中国而设计》有较为详细的描述。所以在设计之初，中外设计师就有一个共识，要把水和人的关系通过游泳这个场馆来演绎出来。从一开始在设计理念上就体现了中西合璧的思路。中国人讲求和谐，在人与人的关系、人与社会的关系、人与自然的关系等方面，提倡追求和平，追求和谐。中国设计师赵小钧等三人在设计之初，就已经有了中国式思维风格的默契。

水立方中方主设计师王敏说，中国大多城市最开始都是从方的格局走出去的。另外在"水立方"南端场地上有一个北顶娘娘庙，我们想给这个庙提供一个相对来说不张扬的背景。我们也想在这块场地上建立一种秩序，一种来源于"天圆地方"宇宙理念的秩序。于是中方设计团队最终合力打造出一个极

① Ben Rumsby. Chelsea consult Bird's Nest architects Herzog & de Meuron to revamp Stamford Bridge [EB/OL]. (2015-01-02) [2023-08-19]. http：//www. telegraph. co. uk/sport/football/teams/chelsea/11325801/Chelsea-consult-Birds-Nest-architects-Herzog-andde-Meuron-to-revamp-Stamford-Bridge. html.

端和纯粹的方案——基底为正方形的方盒子。为什么要选一个看起来和水没有丝毫联系的"方",很多澳方建筑师还是不明白。为了向澳方合作伙伴阐述"方"在中国哲学文化中的深意、水立方与鸟巢的呼应关系,以及南端的北顶娘娘庙,中方设计团队精心准备了图文并茂的演示稿。设计师们对于场地表皮的设想是:将不同形状的不规则格子,在外观上分割开来,用透明的、不透明的不同材质,涂抹在每一块格子上,使之成为斑驳的、浑然天成的"盒子"。给场馆"穿上"泡泡外套是澳方 PTW 公司设计团队构思的思路。在中外双方共同的智慧和努力下,将中国传统的"天圆地方"与现代奥林匹克场馆完美融合,实现了北京 2008 年奥运会对国际奥林匹克文化遗产的标志性贡献。

第二节 域外镜鉴:日本国际"雪合战"赛事观光化发展对区域社会的贡献

一、国际"雪合战"赛事的诞生背景

(一)社会协调发展的现实需求

由于独特的地理位置,北海道是日本雪季最长的地区,也是世界上著名的滑雪胜地。北海道有珠郡壮瞥町,位于支笏洞爷国立公园内,拥有得天独厚的自然风光和冰雪资源。有珠山、昭和新山两座火山形成了良好的温泉带,205 平方千米的面积中 89% 是山林和平原,旅游业使这里每年可以吸引 180 万人次的海内外游客。

1964 年东京首次举办夏季奥运会。在 1968 年,日本超越联邦德国成为世界第二大经济体。随着发展速度的加快,高龄化和少子化现象成为日本面临的一大挑战,总人口从 2008 年的 1.28 亿人减少到 2014 年的 1.27 亿人。联合国规定某国 65 岁以上人口占总人口的 21%,就意味着这个国家进入了"超老龄化社会"。根据这个标准日本已于 2007 年进入"超老龄化社会"行列。根据日本的预测数据,到 2030 年,日本老年人口将达到总人口的 31.6%,到 2040年,日本将有 896 个市、町、村因人口减少而消失。据日本统计部门预言,到 2050 年,日本总人口将跌破 1 亿人大关。在这样严峻的背景下,1990 年(平成二年)至 2005 年(平成十七年)日本政府总务省统计局数据显示,北海道的壮瞥町人口从 4123 人减少到 3473 人,同时老年人口数增多的迹象也越来越明显。面对人口问题的严峻考验，壮瞥町政府依据 1978 年（昭和五十三年）颁布的宪章：对保护环境；推动农业与观光业发展；提倡文化与和平发展；推广健康与体育生活；面朝未来的可持续发展等 5 项核心内容进行了探讨，以求找到新的发展道路。① 1987 年 8 月，由当地农业、商业、旅游业、机关公务员等行业人员共同成立了临时检讨小组，讨论如何将冬季闭塞的发展局面打破，利用雪资源优势打造新的经济机遇，推动地区协调发展。先后有提议开展雪雕、马拉松、滑雪、狗拉雪橇等项目，但都因其独特性和创新性的特点并不明显而没有得到通过。直到 1987 年 12 月，日本冬季体育游戏"雪合战"进入大家的视野。1988 年的春季，体育学者、滑雪运动员、裁判员、当地政府管理部门人员以及商业、旅游业等从业人员组成了"雪合战规则制定委员会"。经过一年时间的反复修订，最终在年底完成了首部《雪合战竞技规则》。1989 年 2 月 25 至 26 日，有 70 个队伍参加的首届北海道昭和新山国际雪合战大会于壮瞥町举行。

（二）体育运动的文化内涵对建立有序社会的作用

日常活动是人们在无意识的条件下按照习惯进行的，而竞技体育的规则化规范了人们运动场上的行为，可以培养人们的法则精神，对建立有序社会，推动稳定发展具有积极作用。"雪合战"比赛场地长 36 米、宽 10 米、分为前半场和后半场。每支队伍有 10 人，包括 1 名教练员、7 名场上队员和 2 名替补队员（详见图 6.1）。1 名主裁判和 5~7 名副裁判在比赛场地内行使裁判权，每场比赛还设立了指定裁判长、记录台、场地主管等相关人员。比赛采用三节两胜制，每节比赛时间 3 分钟。如果比赛过程中出现以下 3 种情况，则为获胜：第一，比赛中冲入对方场地并拔出对方队旗的队伍为胜者；第二，用雪球击中对方全部队员，使对方全员淘汰即为胜队；第三，在规定时间内实现前两项的，以场上队员人数多的队伍为胜队。如果三节比赛结束后出现了 1 胜 1 负 1 平的情况，采取"VT（决胜一掷）"制胜法：在本垒上放置一个靶子，每队选出 5 名队员轮流从插旗口后侧向靶子投掷雪球，从本垒击落目标次数多的队伍将赢得最后的胜利。如果这样仍无法决出胜者，则循环进行，直至决出胜者，这类似于足球比赛中的点球决胜。

竞技化、规则化、体系化是现代竞技体育运动的主要文化内涵。过往的研究成果已经多次证明，竞技体育运动对于培养人们的规则意识，以及法律

---

① 日本地图. 超高齢国家の誕生［M］. 東京：成美堂出版，2016：9.

精神和契约精神方面具有重要意义。面对人口流失严重和经济不景气问题的困扰，壮瞥町力求通过将民间游戏发展为竞技体育项目，通过体育运动文化的内涵提升，逐渐规范地域社会的发展秩序，稳定社会结构，进而保持地域文化和社会形态稳步发展。

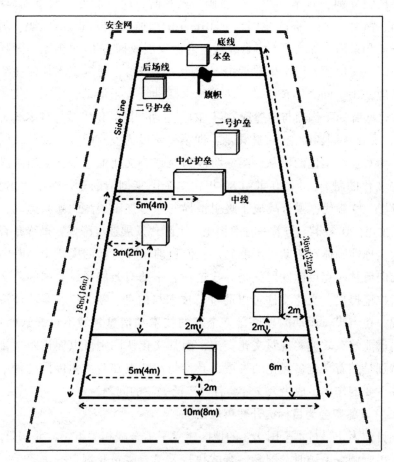

图 6.1　雪合战比赛场地图①

二、"雪合战"赛事的跨文化传播分析

(一)以广泛传播推进文化认同

1992 年，雪合战赛事首次在海外举办，即于澳大利亚举办的第三届国际

① 中国雪合战联盟. 雪合战竞赛规则及裁判手册[Z]. 雪合战规则委员会，2016：12.

雪合战大会。截至 2019 年末，雪合战赛事在海外共举办了 8 届。

根据 2012 年 10 月日本雪合战联盟在芬兰召开的雪合战与欧洲国家发展协商会议中达成的共识，2013 年 2 月 22 日在日本北海道壮瞥町，正式成立了国际雪合战联盟（International Alliance of sport Yukigassen，简称：IAY）组织。最初会员国分别为日本、芬兰、瑞典、比利时、澳大利亚、加拿大、挪威、俄罗斯、荷兰、美国等 11 个国家。2016 年中国加入国际雪合战联盟，随后斯洛文尼亚和泰国也加入了，雪合战联盟进而发展成拥有 14 个国家的国际单项体育组织。文化让人们产生并承担不同的文化身份，通过交流与传播活动来推动实现文化认同。体育活动、历史纪念活动、音乐活动、舞蹈、仪式、戏剧等，这些都属于沟通与传播现象。[1] 体育运动的国际化传播与日本学者中山提出的"文化认同四段论"一脉相承，即第一阶段为没有经过审视的认同；第二阶段为对强势文化的顺从；第三阶段为对强势文化的抵制；第四阶段为实现不同文化的融合。以 20 世纪 80 年代单个国家创造的竞技赛事为出发点，到 20 世纪 90 年代，雪合战成了吸引世界各冰雪强国关注的新兴运动，再到 21 世纪的前 20 多年，与前一时期相比，国际化发展速度降低，最终是否能发展成为全球性的体育活动还不能确定，但目前正在这样的模式中不断向前发展。而向奥林匹克目标发展就是寻找这一答案的有效路径。美国的跨文化传播学者拉里提出，文化交往可以通过新技术与信息、新人口、全球经济三要素实现。在当代，运动的发展是一个新的技术和信息领域不可或缺的环节，它的沟通能够有效地实现跨文化交流，而其文化认同则可以促进跨文化的传播，特别是随着文化多元化的发展，其参与性特点在跨文化传播过程中起着越来越重要的作用，成为人文社会各界广泛关注的问题。

（二）以冬奥会为目标提升赛事规格

到目前为止，日本全国 2/3 的地区建立了雪合战相关组织，北海道除外。在接受田野调查采访时，国际雪合战执行委员会委员长堀口一夫表示，雪合战赛事非常荣幸可以得到日本国民的认可，如果此项冬季体育赛事可以发展为国民化赛事，日本将会把目标锁定为使其成为奥运会的竞赛项目。2017 年，在日本雪合战联合会（JYF）与国际雪合战联盟（IAY）商讨后，决定把雪合战赛事的目标定位于加入国际奥林匹克，并将其在官方网站上发布。随后，在 2016 年和 2017 年雪合战赛事连续做出调整，将裁判员制度等级化，推进赛事

---

① Buckley, Kenney. Negotiating Identity[M]. Washington：Smithsonian Institution Press，1995：36.

更加专业的发展。2017 年 9 月，国际雪合战执行委员会启动建立国际雪合战联合会(World Sports Yukigassen Federation，简称 WSYF)的工作。国际奥委会《奥林匹克宪章》规定，被国际奥委会所承认的国际单项体育联合会应该尽可能地完成奥林匹克宪章的目标，在奥林匹克运动中开展技术工作，在全球范围内不断发展自己的运动项目，并致力于传播奥林匹克主义和普及奥林匹克教育，这是与奥林匹克的精神相符的先决条件。因此，成为符合国际奥委会规范的国际单项体育联合会，就成了国际雪合战赛事发展的主要目标。联合会的成立，是为了制定出更加国际化和标准化的雪合战组织形式。在推广和宣传雪合战进入奥运会的过程中，WSYF 推出了契合奥林匹克"更快、更高、更强"精神的口号："让更多的人认识雪合战；让更多的人分享雪合战的乐趣；让更多人通过雪合战获得交流的机会。"①作为当今世界规模最大、级别最高的综合性体育赛事，奥运会的举办对传播现代体育思想、推动竞技体育改革、促进大众体育普及都具有不可替代的作用。

(三)构建体育与观光化的"体验经济"模式

观光化带动区域协调发展是雪合战赛事的初衷。至今，北海道国际雪合战大会在借鉴壮瞥町观光学会和壮瞥町经济环境中的各种政策指导的基础上，与 10 家旅游企业签订了协作协议。壮瞥町在拓展观光市场上与日本大型观光公司的合作，与观光产品相结合，进行雪合战赛事推广。比如 JTB 公司在 2019 第 31 届世界雪合战锦标赛后，将有关产品投放到东南亚热点区域的市场中，并将雪合战赛事与北海道体验游产品相结合。对到壮瞥町的游客，组织方发布了免费观赛、体验观赛等措施，并以体育赛事和经济活动的形式，为壮瞥町和周围的商店、餐馆、观光场所等提供优惠券，促进区域的全面发展。冰雪活动与旅游产业之间的密切联系，提升了产业间互相融合的内在动力，同时，旅游市场对冰雪产品的需求导向，以及冰雪产业多样化发展促进新型产业形态的出现，使得冰雪旅游成为产业融合的新典范。② 由于北海道壮瞥町地域狭小、资源有限、人口问题凸显，并伴随有自然灾害的冲击，所以只有在"筷子效应"的影响下才能达到优势扩大化和能量爆发。通过冰雪资源所创

---

① 特集「オリンピック競技を目指して」[EB/OL].[2022-06-26]. http://jyf. or. jp/olympic/ 2018-02.

② 李在军. 冰雪产业与旅游产业融合发展的动力机制与实现路径探析[J]. 中国体育科技, 2019, 55(7)：8.

立的"雪合战"赛事，将区域农业、工业、服务业有机地结合起来，为当地人民带来了机会。和平与发展已成为 21 世纪的时代主题，大众旅游时代乘势而来，使体育与旅游的结合变得更加深入。体育人类学领域近年来也开始重视民族传统体育观光化的问题，随着文化变容和文化认同的影响，各国各地区独有的体育文化被发掘和利用。与之相比，北海道国际雪合战赛事与观光化相结合显得别具一格：

第一，普遍性。雪合战的大范围推广是以世界各地的民间游戏为背景，而不是日本特有的传统运动文化。

第二，交叉性。雪合战赛事创编旨在为当地社区建设和经济发展提供素材，而不是对体育活动的简单推广。

第三，立体化。点线面效用的逐渐显现，取得了事半功倍的效果。雪合战赛事是以发展地区经济为目标而设立的，后来受到国际游客的青睐，并向各国传播赛事内容，同时日本国内的爱好者数量也在不断增加，国际国内两条线发展，带动了雪合战团体和组织在各地的发展壮大，点线面的效用就由此显现。

第四，体验性。体育活动的竞技性、趣味性、不确定性等特征可以极大地满足人们对于未知的探索，促进人们的积极性，促进冬季旅游的融合，使体验经济成为区域发展的新动力。

三、"雪合战"对我国冬季群众体育发展的启示

(一) 以非物质文化遗产视角对冬季体育文化进行开发

非物质文化遗产的发掘和保护是以传统文化思想为基础，创新是要从中汲取养分，以回答和解决现实问题为目的。然而，冰雪运动在中国的发展，相对于夏天的体育活动，稍有落后。不能把理由归结为地理位置、自然气候等客观因素，而应该注意到业界缺乏对冬天的体育活动发展和创新的力度。日本正是将打雪仗游戏，通过规则化、普及化、国际化的创新发展，最终形成了竞技赛事。具有深厚历史文化背景的东北、华北地区，尤其是在北方少数民族地区，可以在非物质文化遗产层面进行开发和保护。而这些工作并非是政府部门独自就能实施的，而是要通过社会力量参与，共同推动冬季的运动文化创新发展。

(二)建立冬季群众体育多元一体格局

由于大量青年外出移民，导致北海道是日本较早出现老龄化和少子化现象的地区。日本文部省为应对人口问题，于2006年出台了以提高国民身体素质、培养对体育事业的参与感、挖掘奥运英才、建立和完善人格等为主要内容的"体育振兴基本计划"。于是，雪合战在布局上以北海道的壮瞥町为核心，向内对日本各地区推广，向外以北海道的滑雪资源和旅游观光资源吸引国际关注，并建立了多样化人才培养和选拔机制。

近年来，我国北方地区冰雪活动的开展普遍存在着强制性、临时性、松散性、逐利性、绩效性等弊端。冬季体育项目通常以配合地区特色活动而开展。例如个别地区相关部门，向属地学校摊派学生名额；不法经营者非法经营等现象时有发生。这些问题暴露了冬季体育旅游活动在开展、推进、政策落实等方面缺乏科学的指导与规划。其根本原因包括：经济形式单一，公共服务系统的不完善，缺乏自身的约束力。费孝通先生的经典著作《中华民族多元一体格局》为我国民族工作和人文社会发展做出了重要贡献。在发展体育文化上，也可以采取"多元一体"的方法，通过社会的影响力与资源，丰富体育文化的内涵：第一，培育多元化的发展格局，充分发挥社会各阶层的智慧和力量，让有能力、有意识、有担当的人积极投身到社会公共服务领域的建设中来。第二，构建公开透明的信息制度，推动管理制度的科学化、完善化，利用政府公开制度，积极构建社会公共服务领域。第三，要充分利用其多元性，推动其与社会关系和谐发展，构建社会主义新型社会关系，实现其实用、社会、教育、传承、情感等五大职能。第四，"一体"建设。坚定不移地坚持中国共产党领导的社会主义核心地位，集中民主意识，可以有效促进资源分配，有利于通过全局视角，集中解决重点、难点问题。对维护发展和社会稳定有不可替代的作用。要充分利用我国"多元一体"的优势，必须争取各个方面的投资和支持，多部门协调联动，建立完善、高效的推动机制。

(三)培养"边缘"区位的"主体"发展意识

日本作为率先进入老龄化社会的发达国家，多年前就开始着手制定相应的政策和补偿机制，雪合战的主办地北海道正是尝试解决这一问题的实际案例。日本学者松野光范把雪合战归类为"边缘体育"(marginal sport)，认为边缘体育所面对的困境一方面是易被遗忘，另一方面是易被主流体育吞噬。国际雪合战的案例成了一个边缘区位、边缘体育、边缘文化成功发展的典型。

在我国，东北地区有着漫长的雪季，农耕地区的人们度过冬季，俗语习惯称为"猫冬"，意思是冬季无法从事生产活动，人们只能在家无所事事。近年来，东北不少年轻人选择外出寻找机会，使得东北地区人口压力逐步变大，作为中国面向东北亚的边境区域，这种现象和北海道地区如出一辙。

东北地区的冰雪资源十分丰富，但是体育形式仅仅以滑雪和滑冰为主，其表达方式非常单一。在中国现有的休闲体育旅游业中，体育和冰雪的融合发展仍处在边缘位置。因此，为了开发冬季体育文化，发展冬季体育产业，就要摒弃"边缘"思维，培养"主体"意识。回顾改革开放40多年来我国所取得的巨大成就，边缘区位发展成主体文化或占据主体地位的案例不胜枚举，这反映出发展思路要大胆革新。20世纪70年代，观光人类学诞生，人们随之发现了这样的规律，即世界各地在不同季节都有自己的文化与观光化相结合的文化活动，其中不乏与体育相关的活动，而观光化的发展对于区域发展能力的提升和文化复兴的推动都是有帮助的。发展不一定都要瞄准大都市，乡村经济一样可以做出大文章。习近平总书记提出"绿水青山就是金山银山，冰天雪地也是金山银山"的绿色经济发展理念，为社会发展、经济发展、文化发展提供了思路。通过区位特征与自然资源相结合，将边缘地带打造为中心地带，把边缘文化发展为旅游资源，把边缘体育的革新与整合转化为新兴的体育文化，这里面有很大的发展空间。

第三节　域内外相结合镜鉴：近代以来中国武术在日本的跨文化传播

全球化的浪潮使得民族传统体育不再局限于特定的民族圈子。纵观世界各民族的体育赛事，以国际推广普及为发展目标的不在少数。同时，它们是否成为奥运会比赛项目也成了最直观的衡量标准。一些民族传统体育项目，比如柔道、空手道、跆拳道，已经实现了这个目标，而更多的民族传统体育项目还在为实现这个目标努力。中国武术显然属于后者。

研究民族传统体育的国际推广与普及，不仅需要考虑主权国家对某项体育运动的整理、包装和输出过程，还需要考虑接受它的国家或地区对它的理解、传承乃至重塑过程，这也是"全球本土化(globalization)"一词的出现并被频繁使用的原因之一。多年来，在国际上推广中国武术是国家促进民族体育国际化发展的重要工程，国家体育总局武术运动管理中心下辖"国际推广部"，负责对接国际体育组织、各国(地区)间的武术交流与合作。近年来，还可以看到相关主题的科研课题及专题会议。因为竞技化发展对武术的国际化发展和推广具有至关重要的影响，且套路的竞技化时间更早，在日本具有一定的群众基础。因此，论述新中国成立后中国武术在日本的发展时，着重以竞技武术套路为研究对象。日本媒体对中国武术的关注很早，调查发现 2019 年 12 月 31 日以前的《朝日新闻》(1879 年创刊)、《读卖新闻》(1874 年创刊)、《每日新闻》(1872 年创刊)(以下简称"三大报社")的关于中国武术的报道共计 6091 篇。为了明确中国武术在日本普及发展的概况，本研究将收集到的新闻报道、相关书籍、杂志等按年排列。由此可见，在 19 世纪末期，日本已有关于中国武术的记载。1964 年以后每年都能看到有关中国武术的报道，但截至 20 世纪 80 年代，除了 1940 年和 1974 年外，剩下的年均报道数量是个位数。20 世纪 80 年代后期，相关报道数量逐渐增加，2005 年最多，达 341 篇。在 2005 年以后相关报道数量减少。2019 年底，发表了 111 篇相关报道，约为鼎盛时期数量的三分之一。20 世纪 80 年代后半期报道数量增加的原因，与日本联盟(1987 年)、国际武术联合会(1990 年)相继成立，从而推动了中国武术在日本的发展有很大关系。另一方面，也应该考虑到三大报社在 20 世纪 80 年代以后的报纸电子化，引入了全文检索功能。以《朝日新闻》的数据库为例，1985 年以前的报纸是用缩印版保存的，各报道中只记载了标题、人名、地名、主要事件等重要信息。因此，20 世纪 80 年代以前，日本有关中国武术的报道相对较少，特别是 1949 年新中国成立以前的近半个世纪，有关中国武术的报道只发现了 70 份，正是这 70 份报道揭示了中国武术日本本土化的初期过程。此外，日本讲道馆官方刊物《柔道》(1898 年创刊)、《体育日本》(1911 年创立的日本体育学会的刊物)等杂志也有大量关于中国武术的报道。在此基础上，进一步梳理和编辑了日本关于中国武术报道分布时间的走势图(见图 6.2)。

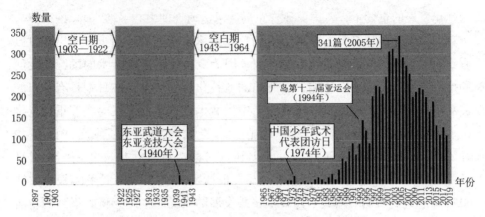

图 6.2　日本关于中国武术的报道分布（1897—2019）

资料来源：笔者制作

关于日本武术大赛的基本情况。日本全国武术比赛主要有日本联盟主办的全日本武术太极拳选手权大会（简称"全日本武术比赛"）、日本奥林匹克运动会组委会（Japan Olympic Committee，JOC）承办的青年奥运会武术太极拳大会（简称"JOC 武术比赛"）以及日本体育协会和日本文部科学省共同主办的国民体育大会武术太极拳比赛。图 6.3 整理了截至 2019 年全日本武术比赛及JOC 武术比赛参加者人数的变化。

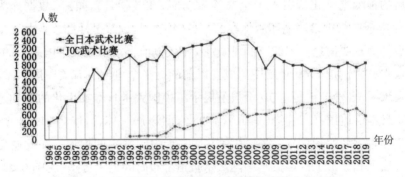

图 6.3　全日本武术比赛及 JOC 武术比赛的人数变化

资料来源：笔者制作

首届全日本武术比赛于 1984 年 6 月 23、24 日在大阪府立体育馆举行。参加这次比赛的有 408 名选手（男，218 人，女，190 人）。由于这是日本首次举办全国性武术比赛，在规则方面主要参考了 1979 年版的《武术竞赛规则》，但由于参赛选手的能力不一，在比赛项目上做了一些调整，确定了太极拳、自选太极拳、太极剑/刀、拳术、其他器械、集体 6 个项目 11 枚金牌，并邀请了我国的陈昌棉、王培锟等 12 名武术家作为裁判。通过采访这些冠军，发现了他们当中有 5 名选手在 20 世纪 70 年代后期多次来到中国，接受中国武术家的指导，回到日本后开馆授拳。这种"来中国学习、回日本开班"的方式可以说是 20 世纪 70 年代后期到 80 年代武术在日本的重要传播途径之一。此后，全日本武术比赛的规模日益扩大，2004 年有 2 525 人参与。由于人数增加，比赛无法在预定的 3 天内完成，主办方不得不削减个别竞技项目，设立预选制度。截至 2019 年，全日本武术太极拳锦标赛已经连续举办了 36 届，但 2020 年由于受新冠肺炎疫情的影响，原定于 6 月底举行的第 37 届比赛不得不取消了。近年来，作为日本规模最大的武术比赛，全日本武术比赛每年可吸引 1800 名选手和两万多名观众参与其中。

JOC 武术比赛作为日本奥委会推进青少年运动员竞技能力的比赛之一，旨在提高青少年武术水平，挖掘和培养能够代表日本参加国际比赛的种子选手。这项比赛于 1993 年 8 月在大阪首次举行，有 75 名青少年选手参加。之后，随着中国武术在日本的普及，参加人数逐渐增加，2015 年达到了最多的 921 人。2019 年 9 月，茨城县首次举办的武术比赛，只包括套路比赛，分为三个年龄段：少年组（14~17 岁）、成人组（18~39 岁）、高龄组（40~59 岁）。各组的竞赛项目如下。

少年组：规定太极拳，第一套武术竞赛套路（长拳）（男女共 4 枚金牌）。

成人组：自选太极拳、自选长拳（男女共 4 枚金牌）。

年长组：双人二十四式太极拳（男女共 2 枚金牌）。

武术作为国民体育大会公开竞技项目的资格将保持到 2026 年。虽然距离成为正式项目还需要一段时间，但作为非奥运会项目的武术登上日本全国运动会的舞台，标志着竞技武术在日本的发展达到了一定的水平，竞技武术的发展也促进了中国武术在日本的传播和普及。

一、19 世纪初期的中国武术在日本鲜为人知

近代以后，关于中国武术在日本传播的文献史料首见 1897 年 12 月 17 日的《朝日新闻》刊登《清国观察谈》的报道。本文记录了日本陆军军官在北京视察时的见闻，其中提到了清朝的武举情况。[①] 1900 年前后，义和团运动达到

---

① ［日］儿玉. 清国観察談（汉译：清国观察谈）［N］. 朝日新聞，1897-12-17（7）.

了高潮，日本非常关注这次事件。仅 1900 年一年，《读卖新闻》和《朝日新闻》关于义和团运动的大大小小的报道就超过了 5 500 篇，在这些关于义和团运动的报道中，也提到了中国武术。但是，日方的报道重点是义和团运动本身，没有详细介绍具体的拳法技术等。

从嘉纳治五郎（1860—1938）和内田良平（1874—1937）的记述中可以看出当时日本对中国武术的认知状况。1902 年 7 月至 10 月，时任东京高等师范学校校长的嘉纳治五郎应湖广总督张之洞（1837—1909）邀请来华进行为期三个月的访问，嘉纳治五郎在北京观看了"把式"和"摔跤"。1903 年，日本政治运动家内田良平在其著作《柔道》中将柔道与中国武术进行了比较，内田良平形容中国武术为"拳打脚踢技术"，认为中国武术的技术体系不如柔道全面。① 嘉纳治五郎从小熟读四书五经，被称为近代日本的体育之父，也是现代柔道的创始人。内田良平为了支援孙中山的革命运动，在 1900 年前后曾多次亲赴广东、上海、香港等地。但是，即使像他们这样相对了解中国的人，在中国武术的认知上也还停留在表面上。但这可能表明这个时期有关中国武术的资料没有流入日本，因此无法获得更多的信息。在辛亥革命、第一次世界大战、新文化运动等一系列国内外事件的影响下，外界对中国武术的了解出现了一个空白期。在此期间，日本有关中国武术的文献史料只有一篇 1909 年发表的小说，其中描绘了使用拳法的中国人。

二、20 世纪初中国武术在日本逐渐受到关注

1922 年 5 月，日本文部省在东京举办了第一届古武道体育展览会。在这次展览会上，船越义珍（1868—1957）受冲绳县学务科课的委托，表演了"唐手"（后来改为空手道）。此后，船越义珍于 1922 年 11 月出版了《琉球拳法唐手》。在该书中提道："唐手是冲绳固有的武术。为了表达当时对中国的崇拜，从中国学习后，结合冲绳原固有的拳法，形成了现在完整的样子。"② 另外，在关西普及空手道的本部朝基（1870—1944）说："自古以来冲绳与中国的交往非常密切，唐手术是在太古时期从中国人那里学到后慢慢传播的技术。③ 部分学生不满意空手道研究的现状，自发进行研究。例如东京大学的三木二三郎

---

① ［日］内田良平. 柔道［M］. 東京：黑龍会出版部，1903：52-54.
② ［日］船越義珍. 琉球拳法唐手［M］. 東京：武侠社，1922：2-3.
③ ［日］本部朝基. 沖縄拳法唐手術：組手編［M］. 大阪：唐手術普及会，1926：5.

（1904—1952）和陆奥瑞穗为了深入了解空手道的技术和源流，在1929年暑假期间在冲绳进行了两个月的调查写出了《拳法概说》一书。该书讲述了空手道的历史，达摩祖师为了锻炼弟子们的精神和肉体创立了少林寺拳法。唐宋时期传入琉球，逐渐发展成现在的武道。① 由此，"空手道源于中国武术，中国武术源于少林达摩"的说法逐渐被其他日本空手道家所接受，甚至被本部朝基和船越义珍后来出版的书籍所引用。②③《拳法概说》达摩创拳介绍，该书内容与1915年中华书局出版的《少林拳术秘诀》④一书基本相符，达摩被尊为少林武术鼻祖，唯一依据是《易筋经》的《李靖序》。⑤ 但根据我国近代著名武术史学家、体育史学家唐豪的考证，《易筋经》中《李靖序》的语气与《传灯录》相似，且该序存在一些明显的错误，无疑为后人所假托。有关日本《易筋经》的资料首次面世于1920年，吉田正平将其翻译为《神通自在》。经比较，《神通自在》的底本为1917年上海大声书局出版的《少林拳术精义》，该书于1922年前后受到摩文仁贤和（1889—1952）、仲宗根源和（1895—1978）、船越义珍等空手道家的关注。⑥ 由此可见，20世纪20年代以后，关于中国武术虚实的信息以翻译等形式陆续传入日本，根据这个标准日本空手道家往往不加考证地直接接受这些信息并在各自的论坛上提及。因此，日本历史上关于中国武术发展的部分内容还需要进一步验证。

　　1928年南京国民政府成立之前，各地军阀割据，共产主义思想传入中国，同时基督教也在慢慢传播。在这种混乱的时局下，以五四运动为代表的反帝反封建爱国主义运动逐渐兴起，中国民愤首先指向日本。因此，日方对中国的情报越来越重视。佐久间贞次郎（1886—1979）担任大连辽东日报记者后，辗转北京、长沙、南京、武昌、上海、哈尔滨等地，期间接触了宋教仁、柏文蔚等多位同盟会成员。⑦在中国生活经验丰富的佐久间是日本政府掌握中国国内基督教和共产主义运动信息的最佳候选人。1928年，佐久间回到东京开始了执笔生活。1932年，立命馆出版社出版了佐久间的著作，选取了"国术""二十

---

① ［日］三木二三郎，高田瑞穗. 拳法概说［M］. 東京：東京帝大学空手研究会発行，1930：13-14.

② ［日］本部朝基. 私の唐手術［M］. 東京：東京空手普及会，1932：2.

③ ［日］船越義珍. 空手道教範［M］. 東京：大倉広文堂，1935：64-65.

④ 尊我斋主人. 少林拳术秘诀［M］. 北京：中华书局，1915：9.

⑤ 唐范生. 少林武当考［M］. 南京：中央国术馆，1930：13-32.

⑥ ［日］摩文仁賢和，仲宗根源和. 攻防拳法空手道入門［M］. 東京：京文社書店，1938：72.

⑦ ［日］佐久間貞次郎. 袁世凱傳［M］. 東京：現代思潮社，1985：23.

四史""龙井茶""孔子庙"等77个中国特色事物进行介绍。其中佐久间用2 500字左右的篇幅介绍了中国国术的技术名称、流派、发展现状等。他还记录了自己观看1928年上海举办的国术大赛和1929年杭州举办的国术演艺大赛的内容及感想。这篇文章是日本人第一次以第一视角考察中国武术。1937年，日本全面侵华战争爆发后，日本政府加强了对中国的情报收集，大型报社也开始详细报道中国的情况①，关于中国武术的信息越来越多。1938年《朝日新闻》对北京市国术馆、北京体育研究院进行了采访介绍。1940年，日本的柔道家冈部平太在《读卖新闻》连续发表了两篇文章：《中国的武术：体育化的太极拳/少林派在北京之外传播》和《伴随着被遗忘的精神/表演化的萎缩》。②③

三、新中国成立后武术在日本的知名度大幅提升

　　1949年中华人民共和国成立后，日本国内的政治和宣传因受美国的影响，所以直到20世纪60年代初期，日本几乎没有关于中国武术的报道，因此出现了前文图6.3中的第二个空白期。20世纪60年代中期，随着经济的快速增长，日本出现了严重的环境污染问题，人们更加关注个人健康。在这种背景下，以太极拳为代表的中国武术的健身功能受到日本人的欢迎，20世纪70年代出现了"太极拳热"。例如，1971年12月《读卖新闻》以"安静的太极拳热潮"为题，对太极拳进行了宣传性介绍。④ 1972年9月《中日联合声明》的签署宣告了中日两国正式建立外交关系。因此，两国的文化交流变得更加密切。随着中国多次派遣武术代表团访问日本，很多日本武术爱好者来中国学习。他们随后成为向日本传播中国武术的主力军。在这个过程中，太极拳的知名度逐渐提高。1972年中日邦交正常化后，双方各方面的交流蓬勃发展。1974年9月，应中日文化交流协会的邀请，中华全国体育总会派出了以魏明为团长的42人访日团，其中教练、医务人员10人、女选手17人、男选手15人。访问团在日本进行了一个多月的交流。访问团9月18日在日本武道馆进行首

---

　　① 团野特派员. 北京は今や武者修行時代（汉译：北京如今是武者修行时代）[N]. 朝日新聞，1938-1-29（4）.

　　② ［日］冈部平太. 中国の武術（上）体育化した太極拳/少林派は北京外に流布（汉译：体育化后的太极拳/少林派在北京外传播）[N]. 讀賣新聞，1940-4-17（6）.

　　③ ［日］冈部平太. 中国の武術（下）忘れられた真精神/演技化しつつ萎縮す（汉译：被遗忘的精神/伴随着表演化的萎缩）[N]. 讀賣新聞，1940-4-18（6）.

　　④ 读卖新闻社. 静かなブーム 太極拳（汉译：安静的太极拳热潮）[N]. 讀賣新聞. 1971-12-12（27）.

演，当天入场观众人数达 15 000 人，其中包括日本皇室的三笠宫崇仁亲王、中国驻日本大使陈楚、参议院长河野谦三等中日双方要员。日本主要媒体对此次首演进行了报道。此后，访问团访问了藤泽、金泽、新潟、松本、前桥、浦和等地，与当地青少年进行了交流。这次武术代表团的访日不仅促进了两国之间的文化交流，还将竞技武术套路带入了日本。从演出内容来看，除了擒拿、集体拳、集体棍等演出项目外，还有对练、传统拳、规定拳、自选拳等竞技武术比赛中使用的套路。另外，表演这些项目的均为现役的运动员，包括赵长军、郝志华等优秀武术运动员。

四、中国武术在日本的跨文化传播路径

武术比赛的规模化发展和影响力逐渐提高。1984 年第一届日本武术比赛的成功举办提高了中国武术文化在日本的传播速度。[①] 1987 年 4 月 26 日，由 60 个地方团体组成的日本武术太极拳联盟在东京正式成立。[②] 太极拳在日本知名度也很高，普及度很广，所以在日本"武术太极拳"一词被用作武术的代名词。[③] 此后，日本武术太极拳联盟统筹管理日本举行武术比赛、培养裁判和教练、选拔日本国家队等。[④⑤] 1998 年，经过十多年的努力，日本的 47 个都道府县都成立了主办武术运动的分会。[⑥] 在全日本实现了覆盖武术组织的局面。日本联盟成立初期开始大力推进武术的国际普及。1987 年 9 月在横滨成功举行了第一届亚洲武术锦标赛。1990 年 10 月，作为发起筹备委员会之一，日本与中国一起促进了国际武术联合会的创立。另一方面，日本武术太极拳联盟积极开展与中国武术协会的合作。从 1987 年开始，每年都向我国派遣选手和裁判进行学习，同时邀请我国武术家到日本进行武术指导。可以说，20世纪 80 年代"名师邀请、日本指导"成为中国武术在日本传播的主要途径。规则化和单位制体系的确立，推动了武术在日本宣传。日本联盟于 1994 年根据

① ［日］川崎雅雄. 本大会成功への道程[J]. 武術, 1984, 特别号: 42-47.

② 日本武术太极拳联盟. 優勝者十人インタビュー[J]. 武術, 1987, 特别号: 28-33.

③ 日本武术太极拳联盟. 第二十一回全日本選手権大会が大盛況[J]. 武術太極拳, 2004(08): 3-5.

④ 日本武术太极拳联盟. 第 10 回全日本武術太極拳選手権大会盛大に挙行[J]. 武術太極拳, 1993(09): 2-3.

⑤ 日本武术太极拳联盟. 第 23 回 JOC ジュニアオリンピックカップ武術太極拳選手権大会[J]. 武術太極拳, 2015(05): 1-3.

⑥ 日本武术太极拳联盟. 平成 11 年度事業活動計画[J]. 武術太極拳, 1999(2): 6-12.

中国武术的基本技法和规则形式，设计并出台了日本武术段位制度。当初这个分段制度只包括一个太极拳项目，分为五级三段，共 8 个等级。主要考察二十四式太极拳、太极剑、太极刀、密手、理论笔试等。根据规定，每人一年只能报考一次，参加三段考试至少需要 10 年的学习时间。1995 年举行的第一次五级至三段位审查共有 9 168 人参加。① 2006 年，日本参加段位审查（太极拳）的人数一度达到 22 964 人。② 此后人数逐年减少，2015 年减少到 15 153人。③ 相比之下，从五级到一级参加审查的人数较多，但参加一到三级审查的人数没有太大变化，甚至一度出现了增加态势。为此，日本武术太极拳联盟于 2013 年制定了太极拳四段的新段位④，开始进一步完善太极拳项目的体系和结构。20 世纪 90 年代中期以来，数万人继续参加武术练习。据日本联盟称，目前日本的武术喜好者达 150 万人左右，其中竞技武术人口约 7 万人。从性别比例来看，女性偏好约占 70%，男性占 30%。同时，近年来有继续向年轻人传播的趋势。⑤

加强中日交流，吸引武术人才留在日本。2003 年，日本联盟正式聘请中国教练到日本进行长期指导。此外，一些民间武术团体、体育俱乐部等邀请国内武术专家定期到日本指导。非移民国家日本在经济、文化、社会发展等方面本土化程度较高，但近年来日本人口老龄化、少子化现象逐渐加剧。日本政府接纳外国优秀人才，开始重视其在日本的就职甚至移民。入境管理部门在日本签证及居留制度方面专门开辟了"人文知识和国际事务"分类，长期到日本从事武术教育的华裔武术教师正好适合这种签证。因此，仅东京地区就有 40 多名具有 5 年以上外国人居住经历的中国武术专业从业者。他们在日本的相关团体任教或开设自己的武术教室，部分武术教室的学员人数甚至达一千多人。这些定居日本的中国武术教师为武术在日本的普及做出了重要贡献。"旅居日本，授拳传艺"是 2000 年后中国武术在日本实现跨文化传播的主

---

① 日本武术太极拳联盟. 1995 年技能检定「5 级~3 段」登録者数は総計 9168 人! [J]. 武術太極拳，1996(04)：10.

② 日本武术太极拳联盟. 2006 年技能检定初段~3 段合格者名簿[J]. 武術太極拳，2007(02)：22.

③ 日本武术太极拳联盟. 2016 年「太極拳初段·2 段·3 段技能検定」合格者発表[J]. 武術太極拳，2017(01)：10.

④ 日本武术太极拳联盟. 2013 年度事業計画[J]. 武術太極拳，2013(02)：7-15.

⑤ 日本联盟网站. 武術太極拳と国際競技種目の解説[EB/OL]. (2017-12-12)[2020-09-15]. https：//www. jwtf. or. jp/taiji/about.

要路径。

第四节 域内外体育跨文化传播现象对
朝鲜族传统体育的镜鉴意义

本章将 2008 年北京奥运会开幕式仪式、日本"雪合战"赛事的国际化发展、中国传统武术的日本本土化发展列为三个典型镜鉴案例进行解析。综合以上内容，可将体育的跨文化传播现象归纳为三种基本类型：1. 全球化体育文化的本土化传播与融合；2. 民间休闲类体育文化的国际化推广；3. 民族传统体育文化的对外交流与传播。结合朝鲜族传统体育文化的具体表现，以上三种类型均有值得借鉴的意义。首先，在现代竞技体育项目中，摔跤与弓箭是在世界范围内普遍传播的全球化体育项目。虽在各民族和各国的表现形式有所差异，但是在奥林匹克赛场上，已形成统一的国际化规则和竞技项目文化。调查结果显示，在现代竞技体育文化席卷全球的当下，各国各地区在传承发展本土体育文化的过程中均不同程度地受到现代体育文化的涵化影响。中国朝鲜族传统体育虽然从朝鲜半岛由迁移民带入，但是，经过漫长的历史发展已经打上了独具特色的中国朝鲜族文化烙印。伴随全球化发展的脚步，中国朝鲜族传统体育文化的表现形式也难以保全其原有松散、随机、无序的基本特征。尤其在成为全国少数民族传统体育运动会的竞技项目和表演项目后，其现代化表象更加明显。在延边朝鲜族自治州内，地方政府和社会为了大力推动经济社会发展，近年来打造了多种形式的商贸活动、社会活动、文化活动，这些活动在组织和实施过程中基本沿袭了现代展会的基本模式。众所周知，19 世纪以来欧洲工业革命推动了现代生产技术和生产力的大发展，此后发展起来的"博览会"模式从欧洲传播到北美地区，20 世纪初期基本形成了一套成熟的展会文化体系。20 世纪 80 年代末期，展会文化逐渐在我国形成。在延边州境内，依托朝鲜族传统文化，地方政府于 20 世纪 90 年代初期开始举办各类民俗文化展会。由于受地缘环境和社会结构等内外因素的影响，展会所带来的经济效益并不十分明显。此外，展会在展演和物流贸易的形式上缺乏创新思维，与现代化发展的融合度较低，也是该地区展会经济欠发达的主要原因。体育文化的传播看似与展会文化格格不入。但是，如果稍微对奥林匹克运动发展史深入了解便知，1900 年和 1904 年的两届现代奥林匹克运动会均是依托于展会所举办的，这其中的深层原因和表现形式相对复杂，且与本研究关系不大，因此不加赘述。由此，需要明确的是在面对快速发展的社会格局中，传统体育文化的传承与发展无法摆脱时代的步伐。所以，如何灵活地发挥传统文化的时代价值，准确定位传统文化在社会发展中的角色，显得尤为重要。

通过前述研究内容已明确，朝鲜族传统体育项目的形成背景主要来自民间休闲活动。因此，观察东北亚地区周边国家民间休闲类体育活动的发展过程，对于拓展朝鲜族传统体育文化的国际化传播具有一定借鉴意义。首先，中国朝鲜族文化与朝鲜半岛文化同源，因此具备了传统体育文化国际化交流的基本条件。其次，中国朝鲜族传统体育项目具备较高的观赏性和娱乐性，如秋千、跳板等项目。纵观东北亚各国传统体育文化的国际化发展背景，日本的柔道与空手道、韩国的跆拳道均成为国际奥林匹克竞技项目。日本的雪合战将本不为日本独有的冬季打雪仗游戏发展为国际化竞技赛事，充分说明了这一地区的体育文化现象具有较高的传播性和国际化发展潜力。近年来，随着我国改革开放事业的逐步深入，人口流动速度加快，随着人口迁移带动的跨文化传播现象日渐频繁。延边州地区朝鲜族人口迁移现象也是比较明显的，主要境内迁移目标为我国东南沿海地区，境外主要为韩国和日本。在日中国朝鲜族群体已经建立了独立的社群团体，负责组织旅日华人中的朝鲜族同胞开展各类民族文化活动，其中规模较大的是在日中国朝鲜族运动会。由此看来，中国朝鲜族传统体育文化同样具备海外传播的基础和能力。但是，在面向国际化推广的过程中有几点基本问题要得到解决。其一，要有明显的区域文化特色。中国朝鲜族主要集中在中国东北地区，背靠中朝俄三国交界，地域文化特征明显。其二，参与性强。朝鲜族传统体育项目众多，并且各具特色，群众具有较强的参与性，这点从场地、设备、技巧等方面均有突出体现。其三，较好的组织协调性。通过观察，北海道雪合战赛事在当地之所以能够持续开展，离不开当地政府和民间团体的良好互动和协调配合。其四，具有创新突破意识。北海道雪合战赛事的创建，正是将传统的民间打雪仗活动改良为竞技化赛事，形成了规范化的赛事组织架构、标准化的场地设备器材、专业化的裁判规则和赛事体系。

包括朝鲜族传统体育文化在内，具有中华民族特色的传统体育项目远不止武术或某项少数民族体育项目。武术类项目由于历史久远、受众群体大、功能性突出等特征，因此受到世界各国的普遍关注。从体育人类学研究视角出发，我们更关注的是如何带动更多具有中华民族文化特色的优秀体育项目走出国门，在世界上发扬光大。由此，我们可以借鉴和学习近代以来中国武术项目在日本的传播与发展的经验。

第五节　小结

　　2008 年北京夏季奥运会的成功举办，是进入 21 世纪以来，我国与世界文化第一次实现全景式联接的历史性节点，实现了中华民族伟大文化与古老的奥林匹克文化的首次全过程融合。奥林匹克运动会首次来到中国，中华民族悠久历史文化首次承载奥林匹克盛大赛事。实践证明中华民族优秀文化的传承是经久不衰的，中华民族优秀文化的传播是被世界所认同的，中华民族优秀文化资源对世界文明具有不可替代的贡献。在域外镜鉴的案例中，作为与中国一衣带水的邻国日本，其与中国在东北亚地区拥有相似的自然环境和文化背景，民间游戏经过创造性的改良，结合旅游产业及体验经济等社会学、经济学模式的实践，成功发展为国际化竞技体育赛事，扭转了地区经济社会发展的颓势，其跨文化传播意义和研究价值随之产生，值得深思。中华民族传统武术文化的海外传播，可以说是我国体育文化资源实现海外跨文化传播的典型案例。多年来，中国传统武术文化的国际化和科学化发展一直是体育学、社会学、历史学，甚至人体科学等领域学者长期关注的焦点问题。前文通过对中国传统武术文化在日本传播的历史背景和基本路径的梳理，较为翔实地呈现了武术的跨文化传播过程，并对中日两国民间对武术交流的文化认同进行释义。通过域内、域外、域内与域外镜鉴的综合阐述和分析，能够为我国各少数民族以及中华民族优秀传统体育文化的跨文化交流及传播提供有力参考和经验借鉴。

结　语

　　中国是一个人口众多、和谐统一的多民族国家，各个民族之间和谐共生，共同促进了中华民族伟大文化的繁荣发展，为中华民族共同体的建设提供了坚实的基础。各民族都具有其独特的文化特征及表现形式。中国朝鲜族作为主要生活在中国东北的少数民族，凭借其跨境民族历史文化背景，身处三国交界处，也是中国面向东北亚的重要窗口，在地区环境中的作用和影响不言自明。由此可见，中国朝鲜族传统文化的表现形式具有浓厚的跨文化特征，尤其是在传统体育活动方面，其民族传统体育项目在东北地区的满族、蒙古族、朝鲜族、鄂温克族、俄罗斯族、赫哲族等 6 个跨境民族中种类最全，数量最多。本研究通过近年来我国体育学领域受关注度逐渐升高的体育人类学视角进行观察，以全新视角对民族传统体育活动的跨文化传播进行研究，有助于我国体育文化事业的繁荣发展和学术视野的创新。

　　本研究历时近五年，笔者先后五次到延边朝鲜族自治州进行实地调查，累计时间近一年。后因受突如其来的新冠疫情影响，田野调查时间周期有所缩减。此外，为了更全面、准确、客观地掌握中国朝鲜族迁移过程、跨境文化传播、传统体育文化表现等方面内容，笔者赴韩国开展学术交流活动一次，赴日本开展学术交流及搜集史料活动三次，获得了大量境外图书馆及博物馆的一手史料，充实了本研究的核心内容。同时，本项目在推进和书稿编写过程中，项目组部分成员也参与了田野调查和本书部分内容的编写工作，主要信息包括：深圳市聚龙科学中学教师吕然（第五章第四节），郑州龙湖一中教师刘雅宁（第三章第二节和第五节，第五章第一节和第二节），英国爱丁堡大学社会学系硕士杜诗婧（第三章第二节），山东大学威海校区体育部副教授袁书营（第六章第一节），日本国际武道大学助理教授刘畅（第六章第三节）。在此，一并向课题组成员表示感谢。

通过研究和整理发现，朝鲜族从朝鲜半岛向中国的跨境移民始于 17 世纪初，大量移民发生在 19 世纪下半叶，这一过程一直持续到 1945 年抗日战争结束。虽然迁移入中国境内的时间跨度非常大（历时近 3 个世纪），但影响其迁移的主要历史原因较为单一，即以受战乱影响为主。在不同的历史时期，朝鲜族移民到中国的待遇有很大的差异，直到 20 世纪初，在中国共产党的正确领导下，朝鲜移民获得了与中国人民同等的待遇，也促进了朝鲜族人民更顺利地融入。也正基于此背景，朝鲜族的传统文化在中国得到了传承和发展，饮食、服饰、建筑、礼仪、节庆、体育等文化形式均能够持续传承，并逐渐与中国文化相融合。以希日木、秋千、跳板和弓箭为代表的朝鲜族传统体育，依托自身文化背景所呈现的特殊表现形式，丰富了中华民族传统体育文化的内涵。纵观传统体育项目的产生及发展，一方面有其民族特征的内在因素，另一方面也有其受到中国古代文化思想传播的启发和影响，此为外在因素。由此可以得出，中国朝鲜族在其文化形成的过程中与中国古代传统文化有着千丝万缕的联系，其跨文化交际的标志自古以来就隐约可见。

在朝鲜族传统体育运动的形成初期，表现形式单一，内涵简单，以对奖励的追求及休闲放松为核心。中国朝鲜族传统体育文化发展以来，在中国共产党正确的国家政策和民族文化保护措施的指导下，形成了一条系统的传播路径，涌现出一批非物质文化遗产传承人，在朝鲜族传统体育的文化变异中逐渐出现了新的表现形式。

其中以竞技化、观光化、节庆化、女性社会地位的提升、制度现代化、增强中国朝鲜族文化认同的礼仪化等方面为主。每一个方面在展现出其文化变容的全新样态基础上，又秉持着本民族文化的核心内涵，这对其巩固民族文化认同至关重要。基于中国朝鲜族传统体育的文化变容，本研究从体育人类学的角度对其进行解读，主要包括以下几个方面：1. "游戏产生说"蕴含的原始起源；2. "残存说"视角对朝鲜族传统体育文化符号的理解；3. "升降说"观察朝鲜族传统体育观光化现象。由此整理出影响朝鲜族传统体育文化变容的主要因素包括：1. 大历史观背景下依托中华民族文化发展的现实表现；2. 外部环境变化不断带来的客观影响；3. 民族文化本身在传承发展过程中的内化反应。因此，可以得出以下结论：朝鲜族在中国经过长期的历史发展，形成了自己独特的民族文化形式，而诸多文化现象的形成是在变容过程中逐渐定位的。因此，朝鲜族传统体育文化也具有这样的特点：形式多样，各具特色。然而，变容现象的核心实质并没有脱离中华民族多元一体格局的整体视野，而是在不断传承和发展过程中寻求新的历史属性和文化认同。

中国朝鲜族传统体育跨文化传播的路径是建立在跨文化传播所面对的主要问题为基础之上逐步展开的。包括基础教育对于民族传统体育传播的不均衡表现、受到现代竞技体育的冲击，由此提出制约社会发展的人口问题是跨文化交际过程中需要面对的主要问题：1. 完善现代教育对朝鲜族传统体育文化的传播作用；2. 在体育非物质文化遗产体系内实现保护与传承，其中包括明确体育非物质文化遗产保护与传承意义；实现多领域协调推进的体育非物质文化遗产传承模式；传承场域的积累与延伸。此外，针对朝鲜族传统体育观光化发展较为突出的特征，总结了观光化发展对于朝鲜族体育跨文化传播的作用主要在于：1. 形成特色旅游文化资源风格；2. 拓宽体育观光形式；3. 提升体育观光产业附加值；4. 提升民族文化自信心。

为了更系统且翔实地对跨文化传承过程中体育项目的具体表现进行阐述和分析，专门总结域内、域外、域内外相结合三方面的案例形成镜鉴。其中，域内镜鉴以北京 2008 年夏季奥运会中的中国传统文化表达为代表。北京 2008 年夏季奥运会在我国的成功举办，使中国圆百年奥运梦，在党中央的集中统一领导下举全国之力，筹办了一届无与伦比的奥运会。尤其在开幕式环节，集中展现了中华民族优秀传统文化，让世界更加了解中国，使东西方优秀文化的代表在北京、在奥林匹克的舞台上得以精彩呈现。域外镜鉴仍然立足东北亚地区文化，以日本国际"雪合战"赛事的观光化发展对区域社会的贡献为主题展开介绍。"雪合战"即为我国俗称"打雪仗"的冬季雪上游戏活动，其存在范围广，不仅在亚洲各国，欧美等国也均有此活动。但是，日本北海道地区将此项民间游戏提升为竞技化体育赛事，逐渐发展为国际化单项体育组织，并结合观光化发展，带动区域社会发展。域内外相结合镜鉴以近代以来中国武术在日本的跨文化传播为代表。自 19 世纪中国武术进入日本以来，从鲜为人知到 20 世纪初的逐渐受到关注，再到新中国成立后武术在日本的名声大振，梳理了中国武术在日本成功跨文化传播的基本路径。通过三方面镜鉴，力求引导人们提高体育跨文化传播现象的认知度，并形成一定的反思与启发，为中华民族优秀体育文化的跨文化传播提供了路径借鉴。

参考文献

[1]毛泽东文集(第七卷)[M]. 北京：人民出版社，1999.

[2]邓小平文选(第二卷)[M]. 北京：人民出版社，1994.

[3]金京春. 中国東北部間島地域の体育・スポーツ活動に関する研究. 体育・スポーツの近現代：歴史からの問いかけ[M]. 東京. 不昧堂出版，2011.

[4][美]路易斯·亨利·摩尔根. 古代社会[M]. 杨东莼，马雍，译. 南京：江苏教育出版社，2005.

[5][德]哈伯兰(Michael Haborandi). 民种学[M]. 北京：北京大学堂官书局，1903(清光绪二十九年).

[6]费孝通. 费孝通文集[M]. 北京：群言出版社. 1999.

[7][英]爱德华·泰勒. 原始文化[M]. 连树声，译. 上海：上海文艺出版社：1992.

[8]Bogeng G A E, Altrock H, Blaschke G P. Geschichte des Sports aller Völker und Zeiten [M]. Seemann, 1926.

[9]胡小明. 体育人类学[M]. 广州：广州人民出版社，1999.

[10]席焕久. 体育人类学[M]. 北京：北京体育大学出版社，2021.

[11]胡小明. 体育人类学[M]. 北京：高等教育出版社，2005.

[12][日]寒川恒夫，仇军. 体育·人类·文化[M]. 北京体育大学出版社，2010.

[13]崔乐泉. 中国体育通史[M]. 北京：人民体育出版社，2008.

[14]孙春日. 中国朝鲜族移民史[M]. 北京：中华书局，2009.

[15]姜允哲. 中国朝鲜族体育研究[M]. 北京：人民体育出版社，2009.

[16]金青云. 中国朝鲜族体育发展战略研究[M]. 北京：北京体育大学出版社，2010.

[17]寒川恒夫，宇佐美隆憲. 相撲の人類学[M]. 大修館書店，1995.

[18]潘喆，孙方明，李鸿彬. 清入关前史料选集[M]. 北京：中国人民大学出版社，1989.

[19]辽宁大学历史系. 重译满文老档太祖朝第一分册[M]. 沈阳：辽宁大学历史系，1978.

[20]黄有福. 女真语、满语研究[M]. 北京：新世界出版社，1990.

［21］华文书局. 清文宗实录［M］. 台北：华文书局，1982.

［22］邢永福，师力武主编. 清宫热河档案17 同治四年起光绪三十四年止［M］. 北京：中国
档案出版社，2003：98-110.

［23］延边朝鲜族史编写组. 延边朝鲜族史［M］. 延吉：延边人民出版社，2010.

［24］梁文科. 日省录［M］. 哲宗庚申年九月九日条和十日条，1686.

［25］崔宗范. 江北日记［M］. 城南：韩国精神文化研究院，1994.

［26］日本外务省. 日本侵略韩国史料丛书［M］. 韩国出版院，1988.

［27］孙春日. 中国朝鲜族移民史［M］. 北京：中华书局，2009.

［28］朴庆植. 日本帝国主义的朝鲜支配［M］. 东京：青木书店，1973.

［29］金俊烨，金昌顺. 韩国共产主义运动史［M］. 清溪研究所，1986.

［30］大阪经济法科大学间岛史料研究会. 在间岛日本总领事馆文书：上册［M］. 2006.

［31］杨昭全，李铁环. 东北地区朝鲜人革命斗争资料汇编［M］. 沈阳：辽宁民族出版
社，1992.

［32］"满洲国"通讯社. 满洲开拓年鉴［M］. "满洲国"通讯社，1941.

［33］［日］喜多一雄. 满洲开拓论［M］. 東京：明文堂，1944.

［34］朝鲜总督府. 帝国议会说明资料［M］. 東京：不二出版，1994.

［35］孙春日. 解放前东北朝鲜族土地关系史研究［M］. 长春：吉林人民出版社，2001.

［36］满洲移民关系资料集成［M］. 東京：不二出版，1991.

［37］崔海岩. 朝鲜义勇军第一支队五（朝）［M］. 沈阳：辽宁民族出版社，1992.

［38］朱德元帅丰碑永存—中国人民革命军事博物馆陈列文献资料选［M］. 上海：上海人民
出版社，1986.

［39］政协延边朝鲜族自治州文史资料委员会. 解放初期延边［M］. 沈阳：辽宁民族出版
社，1999.

［40］崔强，张礼新. 南满地区东北朝鲜人民主联盟［M］. 北京：民族出版社，1992.

［41］徐基述. 黑龙江朝鲜民族［M］. 牡丹江：黑龙江朝鲜民族出版社，1988.

［42］赵京炯，徐明勋. 朝鲜义勇军三支队［M］. 北京：民族出版社，1992.

［43］韩俊. 解放战争时期的东满根据地［M］. 延吉：延边人民出版社，1991.

［44］《中式烹调师》编写组编. 中式烹调师 初·中·高·级［M］. 北京：中国劳动出版
社 1995.

［45］延边朝鲜族史编写组. 延边朝鲜族史［M］. 延吉：延边人民出版社，2010.

［46］贾钟寿. 韩国传统文论［M］. 大学教育出版株式会社，2008.

［47］延边朝鲜族史编写组. 延边朝鲜族史［M］. 延吉：延边人民出版社，2010.

［48］［日］田中嘉次. 好太王碑和集安的壁画古墓［M］. 読売 テレビ放松，1989.

［49］朝鲜总督府. 朝鲜的乡土娱乐［M］. 韩国出版社，2008.

[50][日]寒川恒夫. 相撲の人類学[M]. 东京：日本大修馆书店，1995.

[51][日]内藤論政. 古蹟と風俗[M]. 朝鮮事業及び経済社，1926.

[52]金京春. 中国東北部間島地域の体育スポーツ活动に 関する研究体育スポーツの近現代[M]. 东京：不昧堂出版，2011.

[53]高承. 事物纪原[M]. 北京：中华书局，1989.

[54]延边大学民族研究所. 朝鲜族研究论丛(三)[M]. 延吉：延边人民出版社，1991.

[55]金龙哲，朴京姬. 中国延边体育运动史[M]. 延吉：延边大学出版社，1995.

[56]政协延边朝鲜族自治州文史资料委员会. 解放初期延边[M]. 沈阳：辽宁民族出版社，1999.

[57][晋]陈寿. 三国志[M]. 上海：上海古籍出版社，2011.

[58][唐]令狐德棻. 后周书[M]. 北京：中华书局，1971.

[59]佚名. 韩国弓道[M]. 韩国：大韩弓道协会，1986.

[60]汪旭. 唐诗全解[M]. 沈阳：万卷出版公司，2015.

[61]延边朝鲜族史编写组. 延边朝鲜族史[M]. 延吉：延边人民出版社，2010.

[62]金炳镐. 民族理论与民族政策 全1册高等院校民族理论与民族政策试用教材[M]. 北京：中央电大出版社. 2012.

[63]延边州史志编纂委员会. 延边州志[M]. 北京：中华书局，1996.

[64]吴钟. 朝鲜风土略述[M]. 上海：上海著易堂印行，1877.

[65]赵尔奎，杨朔著. 文化资源学[M]. 西安：西安交通大学出版社，2016.

[66]纳尔逊·格拉本，赵红梅，等，译. 人类学与旅游时代[M]. 桂林：广西师范大学出版社，2009.

[67]费孝通. 中华民族多元一体格局[M]. 北京：中央民族大学出版社，1999.

[68][日]今井登志喜. 歴史學研究法[M]. 東京：東京大學出版會，1953.

[69]金京春. 中国東北部間島地域の体育·スポーツ活动に関する研究·体育·スポーツの近現代：歴史からの問いかけ[M]. 東京：不昧堂出版，2011.

[70][日]寒川恒夫. 図説体育歴史[M]. 东京：大修館出版社，1996.

[71]黄仁宇. 中国大历史[M]. 北京：三联书店，2007.

[72]梁启超. 戊戌政变记[M]. 桂林：广西师范大学出版社，2010.

[73]唐德刚. 晚清七十年[M]. 长沙：岳麓书社，1999.

[74]郑晓云. 文化认同与文化变迁[M]. 北京：中国社会科学出版社，1992.

[75][美]克莱德·伍兹. 文化变迁[M]. 施惟达，胡华生，译. 昆明：云南教育出版社，1989.

[76]周保中. 延边民族问题草案[M]. 吉林：中共延边吉东吉敦地委，1985.

[77]郑晓云. 文化认同与文化变迁[M]. 北京：中国社会科学出版社，1992.

[78]尹豪. 人口学导论[M]. 北京：中国人口出版社，2006.

[79]维克托·特纳. 模棱两可：过关礼仪的阈限时期[M]. 上海：上海三联书店，1995.

[80]彭兆荣. 人类学仪式的理论与实践[M]. 北京：民族出版社，2007：193.

[81]拉尔斐·比尔斯. 文化人类学[M]. 骆继光，秦文山，译. 河北教育出版社，1993.

[82]北京市地方志编纂委员会. 北京奥运会志[M]. 北京：北京出版社，2012.

[83]程静宇. 中国传统中和思想[M]. 北京：社会科学文献出版社，2010.

[84]郭晴著. 体育新闻与传播研究丛书 北京奥运与舆论引导[M]. 北京：人民体育出版社 2011.

[85]易经：易·贲卦[M]. 张景，张松辉，编译. 北京：中华书局，2010.

[86]冯惠玲，魏娜. 人文之光：人文奥运理念的深入诠释与伟大实践[M]. 北京：中国人民大学出版社，2011.

[87][战国]荀子. 荀子[M]. 曹芳，编译. 沈阳：万卷出版公司，2020.

[88]Clifford Geertz. The Interpretation of Cultures[M]. Basic Books，1977.

[89]Brian Morris. Anthropological Studies of Religion[M]. Cambridge University Press，1987.

[90](清)皮锡瑞. 尚书·大传[M]. 吴仰湘. 北京：中华书局，2022.

[91](春秋)孔子. 论语·为政[M]. 杨伯峻. 长沙：岳麓书社，2018.

[92]日本地図. 超高齢国家の誕生[M]. 東京：成美堂，2016.

[93]Buckley，Kenney. Negotiating Identity[M]. Washington：Smithsonian Institution

[94][日]内田良平. 柔道[M]. 東京：黒龍会出版部，1903.

[95][日]船越 義珍. 琉球拳法唐手[M]. 東京：武侠社，1922.

[96][日]本部朝基. 沖縄拳法唐手術：組手編[M]. 大阪：唐手術普及会，1926.

[97][日]三木二三郎，高田瑞穂. 拳法概説[M]. 東京：東京帝国大学空手研究会発行，1930.

[98][日]本部朝基. 私の唐手術[M]. 東京：東京空手普及会，1932：2.

[99][日]船越義珍. 空手道教範[M]. 東京：大倉広文堂，1935.

[100]尊我斎主人. 少林拳术秘决[M]. 北京：中华书局，1915.

[101]唐范生. 少林武当考[M]. 南京：中央国术馆，1930.

[102][日]摩文仁賢和，仲宗根源和. 攻防拳法空手道入門[M]. 東京：京文社書店，1938.

[103][日]佐久间貞次郎. 袁世凱传[M]. 東京：現代思潮社，1985.

[104]K. Blanchard&A. T. Cheska. The Anthropology of sport：An Introduction. [M]. NewYork：Bloomsbury，1985.

[105]日本武术太极拳联盟会刊. 2008北京五輪に向けて新国際競技ルールの策定すすむ[Z]. 武術太極拳，2003：5.

［106］［日］石原泰彦. 新国際競技ルールの策定 大詰めを迎える［Z］. 武術太極拳, 2003.

［107］中国雪合战联盟. 雪合战竞赛规则及裁判手册［Z］. 雪合战规则委员会, 2016.

［108］中央档案馆, 辽宁省档案馆, 吉林省档案馆. 东北地区革命历史文件汇编: 满洲通讯［G］. 1988.

［109］中央档案馆, 辽宁省档案馆, 吉林省档案馆. 东北地区革命历史文件汇编: 满洲通讯［G］. 1988.

［110］中央档案馆, 辽宁省档案馆, 吉林省档案馆. 东北地区革命历史文件汇编: 满洲通讯［G］. 1988.

［111］延边朝鲜族自治州档案馆. 中共延边吉敦地委延边专署重要文件汇编［G］. 1985.

［112］周保中. 延边朝鲜民族问题-中共延边吉敦地委延边专署重要文件汇编［G］. 延吉: 延边朝鲜族自治州档案馆, 1985.

［113］周保中. 延边朝鲜民族问题-中共延边吉敦地委延边专署重要文件汇编［G］. 延吉: 延边朝鲜族自治州档案馆, 1985.

［114］费孝通. 关于人类学在中国［J］. 社会学研究. 1994(02): 1-4.

［115］费孝通. 21 世纪人类学面临的新挑战［J］. 广西民族学院学报(哲学社会科学版), 2000(05): 8-12+16-139.

［116］Blanchard K, Cheska A T. The anthropology of sport: An Introduction［J］. Chemistry Technology of Fuels Oils, 1991, 27(27): 552-554.

［117］Edward T Hal, Whyte W F. Intercultural Communication: A Guide to Men of Action［J］. The International Executive, 1960, 2(4): 14-15.

［118］Krickeberg, Walter. Das Mittelamerikanische Ballspiel Und Seine Religiöse Symbolik［J］. Paideuma, 1948(3): 90-118.

［119］Roberts J M, Arth M J, Bush R R. Games in Culture［J］. American Anthropologist, 2010, 61(4): 597-605.

［120］谭华. 体育与人类学［J］. 成都体院学报, 1986(02): 1-5.

［121］叶国治, 胡小明. 体育人类学与民族体育的发展［J］. 成都体育学院学报, 1991(01): 17-19.

［122］杨海晨, 凌雅燕. 我国高校体育人类学课程设置现状与思考［J］. 体育成人教育学.

［123］杨海晨, 沈柳红. 类型化: 一个体育人类学中观议题的缘起、意义及实践［J］. 西安体育学院.

［124］杨海晨, 王斌. 从工具到传统: 红水河流域"演武活动"的历史人类学考察［J］. 北京体育大学.

［125］杨海晨, 王斌, 胡小明, 沈柳红, 赵芳. 想象的共同体: 跨境族群仪式性民俗体育的人类学阐释——基于傣族村寨"马鹿舞"的田野调查［J］. 上海体育学院学报,

2014，38(02)：52-58.

[126]杨海晨，王斌，沈柳红，赵芳. 论体育人类学研究范式中的田野调查关系[J]. 体育科学，2012，32(02)：81-87.

[127]徐鹏，韦晓康，王洪坤. 云南苗族"吹枪"的文化生态学探赜[J]. 四川体育科学，2022，41(03)：71-75.

[128]韦晓康.《民族体育文化延伸》之延伸思考[J]. 武术研究，2022，7(04)：157.

[129]韦晓康，马婧杰. 壮族蚂祭祀中的身体人类学意蕴解读[J]. 广西民族研究，2021(01)：73-81.

[130]韦晓康，熊欢. 论体育民族志研究的方法论及其新趋势[J]. 北京体育大学学报，2018，41(09)：112-119.

[131]韦晓康，白一莛. 体育民族志：微信田野话举国体制[J]. 青海民族研究，2017，28(04)：96-99.

[132]韦晓康. 当代中国体育人类学研究的发展趋势[J]. 体育学刊，2016，23(03)：28-32.

[133]韦晓康，赵志忠. 陀螺传统体育项目文化及其特征——以云南景谷县为例[J]. 北京体育大学学报，2011，34(11)：15-18.

[134]金青云. 中国朝鲜族体育发展战略研究[M]. 北京：北京体育大学出版社，2010.

[135]刘洋. 朝鲜族秋千起源初探[J]. 当代体育科技，2016，6(32)：182-183.

[136]崔英锦. 朝鲜族秋千的文化性格与教育功能解析[J]. 民族教育研究，2007(4)81-85.

[137]王铁民. 浅谈朝鲜民俗与杂技[J]. 杂技与魔术，1994(03)：22.

[138]金青云. 中国朝鲜族跳板运动研究[J]. 山东体育学院学报，2013(05)：31-35.

[139]周小丹. 我国朝鲜族跳板活动兴起寻绎[J]. 体育文化导刊，2015(01)180-183.

[140]曲达帅. 朝鲜族跳板运动员的体能特征研究[J]. 当代体育科技，2019，9(28)：203-205+207.

[141]徐楠楠. 妇女体育权对朝鲜族妇女参与跳板运动的影响研究[J]. 西昌学院学报(自然科学版)，2014，28(04)：139-141.

[142]宇佐美隆憲. 草相撲のスポーツ人類学：東アジアを事例とする動態的民族誌[J]. 2002.

[143]李燦雨. 朝鮮の弓術と「射契」：德遊亭所蔵史料の解読を通して[J]. 体育学研究，2011，56(02)：343-357.

[144]单波. 跨文化传播的基本理论命题[J]. 华中师范大学学报(人文社会科学版)，2011，50(01)：103-113.

[145]曹萌. 东北跨境民族文化传承研究及其战略实施[J]. 民族教育研究，2013，24(06)：116-120.

[146]陈立鹏, 仲丹丹. 新中国成立70年：对民族教育"深层次问题"的再思考[J]. 民族教育研究, 2019, 30(05)：14-21.

[147]何修良. 边疆人类学发凡：全球化时代边疆观的叙述与重构[J]. 广西民族研究, 2021(06)：109-116.

[148]刘妍, 王瑜. "一带一路"背景下促进我国边境地区各民族交往交流交融的教育使命与路径[J]. 贵州民族研究, 2020, 41(05)：190-196.

[149]马骍. 关于民族旅游可持续发展的思考[J]. 中南民族大学学报(人文社会科学版), 2017, 37(06)：126-130.

[150]林明德. 日俄战争后日本势力在东北的扩张[J]. 中央研究院近代史研究所集刊, 1992(21)：515.

[151]长白朝鲜族自治县人民政府. 朝鲜族饮食概述. [EB/OL]. (2022-11-01)[2023-08-23].

[152]千寿山. 中国朝鲜族风俗类型及其区域分布[J]. 延边大学学报：社会科学版, 1994(4)：8.

[153]李万基, 洪胤杓. シルム[J]. 日本：大原寺出版社株式会社, 2002：9.

[154]李殿福. 集安高句丽墓研究[J]. 考古学报, 1980(2).

[155][日]宇佐美隆宪. 中国朝鲜族の民族相撲(シルム)の構造 構造：ルールと技術の体系を中心に[J]. 白山人類学, 1993：175+458.

[156]刘玮, 李炜. 秋千源流及其与古代女子关系考释[J]. 兰台世界(上旬), 2013(8)：156-157.

[157]朴成浩. 花札流入朝鲜半岛通考[J]. 日本言语文化, 2017(6)165-166.

[158]蔡艺, 李傲翼, 苏建臣, 等. 韩国拔河的文化人类学研究[J]. 体育学刊, 2017(01)：20-25.

[159]千寿山. 中国朝鲜族风俗的现状及其21世纪的发展趋势[J]. 延边大学学报(社会科学版), 1998(02)：140.

[160]Rogge wants judging to improve[N/OL]. Associated Press, (2021-05-31)[2022-07-08]. https://www. espn. com/olympics/summer04/gymnastics/news/story? id=1868947.

[161]韦晓康. 当代中国体育人类学研究的发展趋势[J]. 体育学刊, 2016, 23(03)：28-32.

[162]马振庆, 肇启新. 东北人性格特征与油画风景的地域性[J]. 黑龙江民族丛刊, 2016(02)：159-162.

[163]吕华岚, 孙瑶, 白原. 论现代化进程中东北地区少数民族文化传承与经济发展[J]. 辽宁经济, 2019(30)：70-71.

[164]李孟华，宋君. 鄂温克族体育研究[J]. 体育文化导刊，2015(12)：66-69+78.

[165]孙佳莉. 浅谈朝鲜族传统服饰变迁及影响因素[J]. 辽宁丝绸，2016(01)：24-27.

[166]Karl Groos. The Play of Animals：A Study of Animal Life and Instinct[J]. Nature，1898，58(1505)：81.

[167]张宝根，黄晓春. 从文化变迁看当代中华民族传统体育的传承[J]. 广州体育学院学报，2009，29(05)：44-48.

[168]杨铃春，高扬，耿迪. 从"抢花炮"运动发展历程管窥侗族传统体育文化变迁[J]. 广州体育学院学报，2018，38(06)：85-87.

[169]陈修岭. 民族旅游中的文化失真与族群认同建构[J]. 山东青年政治学院学报，2012(06)：121-124.

[170]骆郁廷. 文化软实力：基于中国实践的话语创新[J]. 中国社会科学，2013(01)：20-24.

[171]Brunet F, Xinwen Z. The economy of the Beijing Olympic Games：An analysis of first impacts and prospects[J]. Recercat Principal，2009：7.

[172]萧放. 春节习俗与岁时通过仪式[J]. 北京师范大学学报(社会科学版)，2006(06)：50.

[173]萨皮尔·爱德华. 国际辅助语言的功能[J]. 罗曼评论，2019，11：4-15.

[174]龙新民. "人文奥运"的破题与实践[J]. 北京社会科学，2009(03)：25-28.

[175]Werner Meissner. China's Search for Cultural and National Identity from the Nineteenth Century to the Present[J]. China Perspectives，2006.

[176]陈婉青，陈伟，向红. 析人文奥运与北京和谐社会的构建[J]. 成都体育学院学报，2007(01)：6-9.

[177]王卫东. 桃的象征和文学意蕴[J]. 东方丛刊，2000(2)：57-68.

[178]雷翔. 端公的法术——土家族民间信仰研究[J]. 湖北民族学院学报(社会科学版)，1998(05)：42-48.

[179]Capra F, Mansfield V N. The Tao of Physics[J]. Science & Consciousness，1976，29(8)：56.

[180]李在军. 冰雪产业与旅游产业融合发展的动力机制与实现路径探析[J]. 中国体育科技，2019，55(7)：8.

[181][日]川崎雅雄. 本大会成功への道程[J]. 武術，1984，特别号：42-47.

[182]日本武术太极拳联盟. 優勝者十人インタビュー[J]. 武術，1987，特别号：28-33.

[183]日本武术太极拳联盟. 第二十一回全日本選手権大会が大盛況[J]. 武術太極拳，2004(8)：3-5.

[184]日本武术太极拳联盟. 第10回全日本武術太極拳選手権大会盛大に挙行[J]. 武術太

極拳，1993(9)：2-3.

[185]日本武术太极拳联盟. 第23回JOCジュニアオリンピックカップ武術太極拳選手権大会[J]. 武術太極拳，2015(5)：1-3.

[186]日本武术太极拳联盟. 平成11年度事業活動計画[J]. 武術太極拳，1999(2)：6-12.

[187]日本武术太极拳联盟. 1995年技能検定「5級~3段」登録者数は総計9168人！[J]. 武術太極拳，1996(4)：10.

[188]日本武术太极拳联盟. 2006年技能検定初段~3段合格者名簿[J]. 武術太極拳，2007(2)：22.

[189]日本武术太极拳联盟. 2016年「太極拳初段・2段・3段技能検定」合格者発表[J]. 武術太極拳，2017(1)：10.

[190]日本武术太极拳联盟. 2013年度事業計画[J]. 武術太極拳，2013(2)：7-15.

[191]儿玉. 清国観察談(汉译：清国观察谈)[N]. 朝日新聞，1897-12-17(7).

[192]团野特派员. 北京は今や武者修行時代(汉译：北京如今是武者修行时代)[N]. 朝日新聞，1938-1-29(4).

[193][日]太. 中国の武術(上) 体育化した太極拳/少林派は北京外に流布(汉译：体育化后的太极拳/少林派在北京外传播)[N]. 讀賣新聞，1940-4-17(6).

[194][日]冈部平太. 中国の武術(下) 忘れられた真精神/演技化しつつ萎縮す(汉译：被遗忘的精神/伴随着表演化的萎缩)[N]. 讀賣新聞，1940-4-18(6).

[195]静かなブーム 太極拳(汉译：静静地热潮太极拳)[N]. 讀賣新聞. 1971-12-12(27).

[196]权振国. 新农村建设背景下延边朝鲜族民俗体育文化发展研究[D]. 延吉：延边大学，2014.

[197]Sparks, Christopher A. Wrestling with Ssireum：Korean Folk Game vs Globalization[D]. Texas A&M University，2011.

[198]黄润浩. 东北地区朝鲜共产主义者的"双重使命"研究[D]. 延吉：延边大学，2012.

[199]契海琴. 集安高句丽墓室壁画中的人物风俗图特征研究[D]. 延吉：延边大学，2008.

[200]金哲雲. 中国朝鲜族シルムの変容に関する研究[D]. 筑波：筑波大学体育研究科，1989.

[201]Christozoher A. Sparks Wrestling with Ssireum：Korean Folk Game vs. Globalization [D] Submitted to the Office of Graduate Studies of Texas A&M University，2011.

[202]许军. 延边人口变动对区域经济发展的影响研究[D]. 长春：吉林大学，2008.

[203]赵元恩. 北京奥运会的中国国家形象传播分析[D]. 南京：南京理工大学，2012.

[204]吉林省统计局. 吉林省人口普查年鉴2020[EB/OL]. (2020-11-01)[2023-08-16]. http://tjj. jl. gov. cn/tjsj/qwfb/jlsdqcqgrkpcnj/zk/indexch. htm.

[205]国务院. 国务院关于印发全民健身计划(2016—2020年)的通知[EB/OL]. (2016-06

－23）［2022－06－19］. https：//www. gov. cn/zhengce/content/2016－06／23/content＿
5084564. htm.

［206］延边朝鲜族自治州人大常委会. 关于全州朝鲜族教育情况的调研报告［R/OL］.
（2016－07－22）［2022－06－19］. http：//www. ybrd. gov. cn/cwhy/esyc224/2016－07－
22/173528. html.

［207］中国延边朝鲜族自治州与俄罗斯符拉迪沃斯托克建立友好城市［N/OL］. 新华网
（2011－05－22）［2022. 07. 06］，http：//news. enorth. com. cn/system/2011/05/22/
006596150. shtml.

［208］吉林省对俄贸易多点开花，2021 年贸易额首次破百亿元［N/OL］. 吉林新闻联播
（2022－02－17）［2022. 07. 06］，http：//yanbian. gov. cn/zw/ybyw/202202/t20220217
＿373952. html.

［209］郭培耘. 在延边吃狗肉——"美味的朝鲜族饮食"之二［EB/OL］.（2014－07－17）
［2022－07－07］. http：//www. 360doc. com/content/14/0717/10/1455557 ＿
394969215. shtml.

［210］长白朝鲜族自治县人民政府. 朝鲜族饮食概述［EB/OL］.（2022－11－01）［2023－08－23］.
http：//100022. mzzyk. cn/mzwhzyk/674771/682311/682318/807020/index. html.

［211］吉林省统计局. 延边朝鲜族自治州 2020 年国民经济和社会发展统计公报［N/OL］.
（2021－06－09）［2023－08－19］. http：//tjj. jl. gov. cn/tjsj/tjgb/ndgb/202106/
t20210609＿8098834. html.

［212］殡葬法规和问答［EB/OL］.（2021－04－28）［2022－07－08］. http：//101. mca. gov.
cn/article/zcfg/202104/20210400033486. shtml.

［213］Rogge wants judging to improve［N/OL］. Associated Press，（2021－05－31）［2022－07－08］.
https：//www. espn. com/olympics/summer04/gymnastics/news/story？id＝1868947.

［214］The International Gymnastics Federation and Fujitsu collaborate on building a judging
support system for Artistic Gymnastics competitions［EB/OL］.（2021－5－31）［2022－07－
08］. https：//www. gymnastics. sport/site/pages/judges－support. php.

［215］延边日报. 自治州档案丨延边朝鲜族自治区（州）的成立［N/OL］.（2022－06－01）
［2023－08－19］. https：//www. sohu. com/a/553184955＿121106822.

［216］中国青年报. 胡锦涛在中共中央政治局第七次集体学习时强调［R/OL］.（2003－08－
13）［2023－05－06］. http：//zqb. cyol. com/content/2003－08/13/content ＿
714474. htm.

［217］孙英. 以铸牢中华民族共同体意识为主线［R/OL］.（2022－03－21）［2023－08－20］.
http：//theory. people. com. cn/n1/2022/0321/c40531－32379967. html.

［218］中共中央国务院印发《"健康中国 2030"规划纲要》［R/OL］.（2016－10－25）［2022－06

−24]. http：//www. gov. cn/xinwen/2016−10/25/content_ 5124174. htm.

［219］Brunet F，Xinwen Z. The economy of the Beijing Olympic Games：An analysis of first impacts and prospects［J］. Recercat Principal，2009：7.

［220］International Olympic Committee. Olympic Charter［Z/OL］. （2014−12−08）［2023−03−19］. https：//www. olympic. org/documents/olympic−charter.

［221］马昌仪. 土家族巫师梯玛——湘西土家族梯玛文化调查报告［R/OL］. （2017−7−29）［2022−07−23］. https：//www. chinafolklore. org/forum/redirect. php? tid＝26355&goto＝nextoldset.

［222］Mike Downey. China´s dazzling place setting［EB/OL］. （2008−08−09）［2022−08−19］. http：//articles. latimes. com/2008/aug/09/sports/sp-olydowney9.

［223］Ben Rumsby. Chelsea consult Bird´s Nest architects Herzog & de Meuron to revamp Stamford Bridge［EB/OL］. （2015−01−02）［2023−08−19］. http：//www. telegraph. co. uk/sport/football/teams/chelsea/11325801/Chelsea − consult − Birds − Nest − architects − Herzog−and−de−Meuron−to−revamp−Stamford−Bridge. html.

［224］日本政府总务省统计局. 壮瞥町国势调查［R/OL］. ［2022−06−25］. http：//www. stat. go. jp/data/jinsui/2017np/index. html/2005.

［225］壮瞥町官方主页. 壮瞥町例规类集［EB/OL］. （1978−06−27）［2023−07−20］. http：//houmu. hchosonkai. gr. jp/~reikidb/data/107/22/reiki_ honbun/a167RG00000004. html/.

［226］日本雪合战联盟主页. 特集「オリンピック競技を目指して」［EB/OL］. ［2022−06−26］. http：//jyf. or. jp/olympic/2018−02.

［227］日本联盟网站. 武術太極拳と国際競技種目の解説［EB/OL］. （2017−12−12）［2020−09−15］. https：//www. jwtf. or. jp/taiji/about.

［228］国际奥委会. 北京 2008 年第 29 届奥林匹克运动会国际奥委会协调委员会最终报告［N/OL］. （2010−04−29）［2022−09−13］. http：//www. gov. cn/jrzg/2010−04/29/content_ 1596105. htm.